親切的、活潑的、趣味的、致用的

實用歷史叢書

遠流出版公司

道濟天下

諸葛亮

秦濤 著

出版緣起

王榮文

・歷史就是大個案

《實用歷史叢書》的基本概念，就是想把人類歷史當做一個（或無數個）大個案來看待。

本來，「個案研究方法」的精神，正是因爲相信「智慧不可歸納條陳」，所以要學習者親自接近事實，自行尋找「經驗的教訓」。

經驗到底是教訓還是限制？歷史究竟是啓蒙還是成見？——或者說，歷史經驗有什麼用？可不可用？——一直也就是聚訟紛紜的大疑問，但在我們的「個案」概念下，叢書名稱中的「歷史」，與蘭克（Ranke）名言「歷史學家除了描寫事實『一如其發生之情況』外，再無其他目標」中所指的史學研究活動，大抵是不相涉的。在這裡，我們更接近於把歷史當做人間社會情境體悟的材料，或者說，我們把歷史（或某一組歷史陳述）當做「媒介」。

・從過去了解現在

爲什麼要這樣做？因爲我們對一切歷史情境（milieu）感到好奇，我們想浸淫在某個時代的思考環境來體會另一個人的限制與突破，因而對現時世界有一種新的想像。

通過了解歷史人物的處境與方案，我們找到了另一種智力上的樂趣，也許化做通俗的例子我們可以問：「如果拿破崙擔任遠東百貨公司總經理，他會怎麼做？」或「如果諸葛亮主持自立報系，他會和兩大報紙持哪一種和與戰的關係？」

從過去了解現在，我們並不眞正尋找「重複的歷史」，我們也不尋找絕對的或相對的情境近似性。「歷史個案」的概念，比較接近情境的演練，因爲一個成熟的思考者預先暴露在衆多的「經驗」裡，自行發展出一組對應的策略，因而就有了「教育」的功能。

・從現在了解過去

就像費夫爾（L. Febvre）說的，歷史其實是根據活人的需要向死人索求答案，在歷史理解中，現在與過去一向是糾纏不清的。

在這一個圍城之日，史家陳寅恪在倉皇逃死之際，取一巾箱坊本《建炎以來繫年要錄》，抱持誦讀，讀到汴京圍困屈降諸卷，淪城之日，謠言與烽火同時流竄；陳氏取當日身歷目睹之事與史實印證，不覺汗流浹背，覺得生平讀史從無如此親切有味之快感。

觀察並分析我們「現在的景觀」，正是提供我們一種了解過去的視野。歷史做為一種智性活動，也在這裡得到新的可能和活力。

如果我們在新的現時經驗中，取得新的了解過去的基礎，像一位作家寫《商用廿五史》，用企業組織的經驗，重新理解每一個朝代「經營組織」（即朝廷）的任務、使命、環境與對策，竟然就呈現一個新的景觀，證明這條路另有強大的生命力。

我們刻意選擇了《實用歷史叢書》的路，正是因爲我們感覺到它的潛力。我們知道，標新並不見得有力量，然而立異卻不見得沒收穫；刻意塑造一個「求異」之路，就是想移動認知的軸心，給我們自己一些異端的空間，因而使歷史閱讀活動增添了親切的、活潑的、趣味的、致用的「新歷史之旅」。

你是一個歷史的嗜讀者或思索者嗎？你是一位專業的或業餘的歷史家嗎？你願意給自己一個偏離正軌的樂趣嗎？請走入這個叢書開放的大門。

序　諸葛亮的笑與淚

《三國演義》裡，諸葛亮是一個很愛笑的人。

我粗略數了一下，《演義》寫到「孔明笑」四十六次，「孔明大笑」十二次，此外還有「孔明微笑」、「孔明撫掌而笑」、「孔明撫掌大笑」……笑的次數之多，整部《三國演義》恐怕無人能出其右。

笑是自信的表現。《演義》裡大量笑的描寫，是爲了塑造諸葛亮的成竹在胸、神機妙算。

後來讀到《三國志》，我才發現，歷史上的諸葛亮並不愛笑，反而多次流淚。

劉備在白帝城託孤時，諸葛亮「涕泣」（《三國志．諸葛亮傳》）；諸葛亮北伐之前，上〈出師表〉，「臨表涕零」（〈諸葛亮傳〉）；處死馬謖之後，諸葛亮「爲之流涕」（〈馬謖傳〉）；

丞相主簿楊顒去世，諸葛亮「垂泣三日」（〈楊戲傳〉注引《襄陽記》）；同受託孤的李嚴被廢黜後，諸葛亮給他的兒子李豐寫信寬慰，信中自言「臨書長歎，涕泣而已」（〈李嚴傳〉注引諸葛亮〈與李豐教〉）。

歷史上的諸葛亮，並不輕鬆瀟灑。早年在隆中隱居時，諸葛亮與友人談論志趣，還曾「笑而不言」（〈諸葛亮傳〉注引《魏略》）。出山之後，卻再也沒見他開過笑口。以下這則故事，險些成爲唯一的例外：

> 周初見亮，左右皆笑。既出，有司請推笑者，亮曰：「孤尚不能忍，況左右乎！」（《三國志．譙周傳》注引《蜀記》）

譙周此人，長得「體貌素樸」，且笨嘴拙舌不會講話。他第一次見諸葛亮，呆頭呆腦，左右群臣都忍不住笑出聲來。譙周走後，有關部門請求追究嘲笑譙周者的責任。諸葛亮說：「我都忍不住想笑，何況別人。算了吧！」

諸葛亮嚴肅的性格，蜀漢壓抑的氣氛，千載之下，猶在目前。由此還可窺見，白帝託孤之後，劉備可以一死了之，諸葛亮卻像一架上足了發條不得鬆懈的機器，承受著常人難以想像的壓力。在這壓抑緊張的氣氛之中，譙周給諸葛亮帶來一次難得的輕鬆，我幾乎想要原諒他後來勸劉禪降魏的罪過了。

從以上這個小小的統計，可見歷史上的諸葛亮遠不同於《演義》。他的性情，他的遭際，他的心思，都不是「多智近妖」那麼簡單。歷史比小說，有著遠爲複雜的面相。

從下一頁開始，我想嘗試呈現歷史上的諸葛亮，展露他的心曲隱衷，觸摸他的笑容與淚痕。

目錄

第一章 千古誰識諸葛亮

葛公在時，亦不覺異；
自葛公歿後，正不見其比。

南朝梁 殷芸《小說》

一百三十歲老人回憶諸葛亮

故事，得從諸葛亮死後一百一十三年說起。

公元三百四十六年（東晉永和三年），四川成都，兵臨城下。

被圍的，是四川境內的一個割據政權——成漢；圍城的，是東晉安西將軍桓溫。桓溫是東晉金鑾寶殿之中。手下正一項一項彙報戰果：戶口圖籍、金銀珠寶、蜀錦漢錢、宮娥舞女……桓溫漫不經心地聽著。桓溫的志向高在雲端，眼前區區小利，並不足以令他動容。

但是，部下在民間訪求的一個發現，卻令眼界高不可攀的桓溫也不禁來了興致：成都城中，發現了一個老頭，非常之老。有多老呢？這個老頭，曾經是蜀漢的一名小吏，在諸葛亮身邊擔任過文書工作。

什麼意思？

諸葛亮死於公元二百三十四年，到三百四十七年，已經過去一百十三年了。就算諸葛亮死的時候，這個小吏才二十歲，那現在怎麼著也得一百三十多歲了。桓溫得知此事，非常興奮：這儼然就是個活化石啊！

桓溫親自接見了這位百歲小吏，並且問了他一個問題：老人家，你是在諸葛亮手下工作過的，對諸葛亮應該非常了解。那你看當今天下，有誰能和諸葛亮相比呢？（諸葛丞相今誰與比？）

桓溫的問題，意圖非常明顯：諸葛亮是近百年來口碑最好、風評最佳的政治家，而我桓溫也是千古罕有、當今一人。你做爲蜀漢舊吏，曾經親炙諸葛亮；如今又親眼目睹我桓溫的風采。請你品鑑一下，我與諸葛亮相比，究竟如何？

桓溫期待的答案是：桓將軍您冠絕當世，超邁古人，區區諸葛，不在話下。

沒想到這個小吏根本不吃這一套。一百多歲的人了，犯不著再看別人的臉色。所以他說了一句眞話。怎麼說的呢？

百歲小吏蠕動乾癟的嘴唇，慢悠悠吐出一句話：「葛公在時，亦不覺異；自葛公歿後，正不見其比。」想當年，我在諸葛丞相身邊工作的時候，也沒覺得他有什麼特別，和一般人也沒什麼兩樣；但是，自從諸葛丞相死後，到現在一百多年了，我還沒見過有誰能比得上諸葛亮的。

仔細琢磨這句話，可以讀出其中深蘊著「前不見古人，後不見來者」的歷史孤獨感。整個回答，和桓溫沒有半毛錢關係。

那麼，這個耐人尋味的故事，究竟是眞是假呢？

這個故事記載於南北朝時期梁朝殷芸寫的一本書。殷芸寫這本書的時候，離桓溫的年代不太遠，才六、七十年。但是這本書記載的內容可不可靠，您看這本書的題目就知道了——《小說》，這能可靠嗎？一個三國時代親眼見過諸葛亮的小吏，活了一百三、四十歲，活到東晉還沒死，在古代的醫療條件下，怎麼可能呢？這可能是當時流傳的一個民間傳說，不能太認眞。

但是要知道，民間傳說也有它的眞實性，沒有眞實性的民間傳說是沒有生命力的。如果一個民間傳說，從內容，到故事，到它所表現的思想主題，全假，那人們幹嘛要傳它呢？那麼，這個故事的眞實性在哪兒？就在於小吏最後說的那兩句話：「葛公在時，亦不覺異；自葛公歿後，正不見其比。」這兩句話說到中國人的心坎上了，所以才能廣爲流傳。

這兩句話，其實隱含著一個非常有意思的問題，我給它起個標題，叫「百歲小吏之問」。什麼問題呢？做爲一代政治家的諸葛亮，到底有什麼過人之處？爲什麼諸葛亮這麼厲害，當年在他身邊工作的人卻感覺不出他有什麼偉大的地方？既然連在他身邊工作的人都不覺得諸葛亮偉大，那爲什麼諸葛亮死後到東晉一百多年，甚至到今天一千七百八十年了，提起政治家的典範，老百姓認的還是諸葛亮？

誰能讀懂這個問題，誰就能讀懂中國的政治。

「今亮」和「小諸葛」

有人可能覺得我這話說大了：諸葛亮死了這麼多年了，就沒人比得上他？確實，諸葛亮身後，像桓溫一樣試圖自比諸葛的人有很多。舉一個有趣的歷史現象：歷史上有很多人號稱「小諸葛」，號稱「賽諸葛」。那麼這些人裡面，眞的有誰能夠賽過諸葛亮嗎？我看沒有。舉兩個號稱「小諸葛」的佼佼者。

南薰殿舊藏諸葛亮立像，可能出自明人手筆。這幅畫最能體現諸葛亮「身長八尺，容貌甚偉」的風姿。

第一個，是左宗棠。

左宗棠是清末的中興名臣，靠鎮壓太平天國起家，後來與少數民族分裂者打仗，收復新疆，又主持洋務運動，非常厲害的一個人物。左宗棠也覺得自己挺厲害的，所以就給自個兒起了個號，叫「今亮」——你們以後都別叫我左宗棠了，就叫我「今亮」。什麼叫「今亮」呢？就是「今天的諸葛亮」。

那麼「今亮」左宗棠能和諸葛亮相比嗎？不能。這不是我說的，這是左宗棠的一個同僚，叫林壽圖說的。有一次左宗棠指揮打仗，前線傳來捷報，打贏了。左宗棠非常得意，一拍桌子：「此諸葛之所以爲亮也！」你看我多厲害，跟諸葛亮一樣。林壽圖不動聲色，故意和左宗棠瞎聊，說：您是不知道啊，如今世風日下，很多人都以諸葛亮自居。左宗棠也慨嘆：這麼多諸葛亮裡，有幾個名副其實的呢？林壽圖不失時機一拍桌子，也大喊一聲：「此葛亮之所以爲諸也！」（《清稗類鈔．譏諷類》）諸是諸位、大家的意思。林壽圖表面的意思，諸葛亮現在不値錢了，打了一場勝仗就能自稱諸葛亮，是個人就自稱諸葛亮，阿貓阿狗都自稱諸葛亮。暗地裡還取個諧音：你左宗棠不是自稱「亮」嗎？我看「諸葛亮」三個字，「亮」你擔不起，頂多也就是個「諸」（豬）。左宗棠不如諸葛亮，這是時人的看法，也符合歷史的評價。

第二個，是白崇禧。

白崇禧是國民黨的將領，打仗很厲害，堪稱一代名將。白崇禧的外號，叫「小諸葛」。那麼白崇禧能和諸葛亮比嗎？我看也不行。諸葛亮不只是打仗厲害，他能夠把一個國家治理得井井有條，白崇禧是做不到的。諸葛亮的風評之好、名氣之大，也不是白崇禧能比的。

除了這兩個具體例子，我還可以舉兩個資料來說明問題。第一個資料，是中國的。二〇一二年，法律史學家俞榮根先生進行了一份調查問卷，想要了解中華民族最崇拜的人物是誰。最後收回一萬兩千兩百八十份有效問卷，排名第一的是孔子，排名第二的就是諸葛亮。第二個數據，是外國的。日本的《文藝春秋》在一九九九年搞了一次大規模的民意調查，主題是最有影響力的中國人排名，排在前六位的依次是：孔子、毛澤東、諸葛亮、周恩來、蔣介石、鄧小平，其中古人只有孔子與諸葛亮。二〇〇五年，日本的《週刊文春》又對當代日本人最崇拜的一百個名人作了一次調查，中國只有兩個人入選，一個是孔子，排名第八十七，一個是諸葛亮，排名第二十八。

南薰殿舊藏諸葛亮半身像，頭上戴的就是「綸巾」。今天所見諸葛亮的標準像，大多源於南薰殿的兩幅諸葛亮像。

從這些例子和資料可以看到，無論是中國人，還是深受中國文化影響的外國人，在他們心目中最完美的政治家，就是諸葛亮。

但這並不意味著諸葛亮是中國史上最傑出的政治家。歷朝歷代的政治家，比諸葛亮成就大的太多了。比如商鞅變法，讓秦國由弱變強、統一天下；比如秦始皇和他的丞相李斯，他們設計的一整套制度在中國用了兩千多年；比如北宋王安石變法，雖然功敗垂成，但是在歷史上也有重大影響。

諸葛亮呢？他治理的是一個小國家，就比今天四川省大一點兒，而且沒幾十年就滅亡了。他頒布的法律、設計的制度，你能說出一個來嗎？一個都說不出。但是這並不影響諸葛亮做爲一位傑出的政治家，在中國人心目中享有崇高的地位。

所以閱讀諸葛亮，就是要破解「諸葛亮情結」背後所隱藏的中國特色的政治密碼，就是要搞清楚中國人心目中最完美的政治家、中國人最嚮往的政治藍圖，到底應該是什麼樣子。簡單一句話，我們要尋找「百歲小吏之問」的答案：

在中國文化獨特的評價標準之下，最完美的政治家應該是什麼樣子？諸葛亮爲什麼能夠永垂不朽？

聰明人一定成功嗎

根據人們對諸葛亮的一般了解，通常會給出三個答案：諸葛亮聰明，諸葛亮忠誠，諸葛亮百折不撓、鞠躬盡瘁、死而後已。那我問你：

諸葛亮之所以成為中國人心目中最完美的政治家，眞的是因為聰明嗎？眞的是因為忠誠嗎？眞的是因為百折不撓嗎？

你眞的了解諸葛亮嗎？

我們來一個個推敲一下這三個觀點。

首先是諸葛亮聰明。

聰明的人就能成為完美的政治家嗎？聰明眞的有用嗎？我們來看一個絕頂聰明的人物，戰國時代的名將，也是傑出的政治家吳起。

吳起首先是一個軍事天才，打仗非常厲害。他曾經率領弱小的魯國打敗強大的齊國，為魏國鎮守西河、抵禦秦國的時候，「與諸侯大戰七十六，全勝六十四」（《吳子．圖國》），剩下十二次不分勝負，勝率比諸葛亮高太多了。那麼吳起這麼聰明的人，最後怎麼樣了呢？

吳起先在魯國做將領，遭到同僚排擠，就跑到魏國去；在魏國又被競爭對手陷害，是在混不下去，又逃到楚國；在楚國變法，又激起貴族的仇恨。等老國王一死，沒人罩著他了，貴族們聯手追殺吳起，把他逼到老國王的靈堂裡，要亂箭射死他。吳起是個聰明絕頂的人物，死是死定了，但我一定要拉幾個墊背的。所以他一把抱住老國王的屍體，貴族們亂箭齊發，把吳起和老國王的屍體都射成了刺蝟。還不解恨，就把吳起的屍體給肢解了。後來新國王上台，當年誰往我爹身上射箭的，滿門抄斬。結果把七十幾個貴族都給滅門了。你說這吳起聰明不聰明？太聰明了，死後還能給自己報仇，聰明絕頂。但是，聰明有用嗎？聰明能讓你成爲最完美的政治家嗎？

　開個玩笑，什麼叫聰明絕頂？聰明到最後，連自己的頂都保不住，都要絕了。你是天下排名第三的聰明人，那有第二來收拾你；你是天下排名第二的聰明人，那有第一來收拾你。你說我要是天下第一的聰明人呢？剩下人都沒你聰明，他們都要收拾你。機關算盡太聰明，反誤了卿卿性命。像吳起這麼聰明，死後連個全屍都保不住。

　有人說了，連自己的命都保不住，這不叫聰明。好，我們來看諸葛亮。諸葛亮五十四歲的時候，出師未捷身先死，馬革裹屍而還。北定中原成了泡影，命也搭上。後來曹魏滅蜀，諸葛亮的兒子諸葛瞻、孫子諸葛尙臨陣戰死，滿門忠烈。身死國滅，斷子絕孫，你覺得諸葛亮算聰明嗎？諸葛亮能成爲最完美的政治家，靠的是聰明嗎？

這個問題，留給普天之下的聰明人思考。

諸葛亮忠於誰

再看第二個理由：忠誠。

諸葛亮忠誠，這應該是沒有問題的。別的不說，一篇〈出師表〉，感動了多少忠臣義士。古人云：「讀諸葛孔明〈出師表〉而不墮淚者，其人必不忠。」（南宋趙與時《賓退錄》）意思是你讀〈出師表〉居然不哭，你肯定是個奸臣。

但實際上，即便是諸葛亮的赤膽忠心，也並非沒有人懷疑過。

諸葛亮死後，有個丞相參軍，也就是諸葛亮自己的參謀長，叫李邈，立刻給後主劉禪上書慶祝。他說：恭喜皇上賀喜皇上。喜從何來呢？李邈說諸葛亮「身杖強兵」，常年在外打仗，把全國一多半的軍隊都給帶走了，把皇上您給架空了。而且他「狼顧虎視」，像狼一樣貪婪，像老虎一樣對皇上您虎視眈眈。所以現在他死了，這是一件好事，值得慶祝。劉禪聽了，趕緊把李邈給殺了。（《三國志．楊戲傳》注引《華陽國志》）

劉禪是不是從不懷疑諸葛亮的忠誠呢？應該也不是。諸葛亮於劉禪，名為君臣，形同父子，手握強兵、義形於色，給劉禪帶來了很大的壓力，所以劉禪對諸葛亮也難免有微詞。舉兩個例子：

第一，諸葛亮死後，很多人說，諸葛亮這麼偉大，咱們在首都成都建個武侯祠吧。一來紀念諸葛亮，二來給後世創造一個名勝古跡。劉禪堅決不同意。後來經過妥協，在今天陝西勉縣，就是諸葛亮墳墓的所在地，建了一個武侯祠。今天成都武侯祠天下聞名，但歷史上第一座武侯祠是建在陝西勉縣的。那麼，劉禪爲什麼不同意在成都建武侯祠呢？

第二，諸葛亮生前，官居丞相；諸葛亮一死，劉禪就趕緊把丞相這個官職給廢了，朕再也受不了丞相了！以後蜀漢再也不要有丞相了！劉禪爲什麼廢掉丞相一職呢？

其實，諸葛亮活著的時候，劉禪壓力山大，一直生活在這位偉人漫長的陰影之下。別的不說，你就讀〈出師表〉，諸葛亮教育劉禪「不宜妄自菲薄」、「陟罰臧否不宜異同」、「不宜偏私」，這個也不應該，那個也不應該，在古代，有幾個臣子敢對皇上這麼說話的？所以，有諸葛亮這樣的手下，做爲上司，限制很多，壓力很大。諸葛亮成爲最完美的政治家，眞的是因爲忠誠嗎？

換個角度來想，諸葛亮忠於誰？忠於蜀漢，忠於劉備父子。忠於一個割據的小朝廷，忠於一家一姓，這樣的人在歷史上車載斗量，有什麼值得我們敬仰的呢？所以諸葛亮忠誠是沒錯，但是他忠於蜀漢、忠於劉氏父子，都只是表象。諸葛亮爲什麼選擇劉備從而效忠於他？諸葛亮的內心深處到底忠於什麼，從而贏得了一代又一代人的景仰？這是破解「百歲小吏之問」的關鍵所在。

大丈夫行事，論是非不論利害

再看第三個理由：百折不撓。

諸葛亮一生的確百折不撓，〈後出師表〉裡有兩句話，叫做「鞠躬盡瘁，死而後已」，可以說是諸葛亮一生的寫照。但是我們仔細想一想，諸葛亮這一生，在百折不撓地幹什麼？北伐，也就是發動戰爭。說難聽一點，叫「窮兵黷武」。在當時，就遭到了很多人的批評；今天也有人非議，說現在是和平年代了，不應該再鼓勵戰爭，我們要把〈出師表〉撤出課本！

我們再想一想，諸葛亮這一生，爲之「鞠躬盡瘁，死而後已」的目標是什麼？興復漢室，北定中原。說難聽一點，叫「復辟」。那這歷史上窮兵黷武的人可太多了，搞復辟的也不在少數。但他們能成爲最完美的政治家嗎？諸葛亮成爲最完美的政治家，眞的是因爲百折不撓、鞠躬盡瘁、死而後已嗎？或者我們換一個問題：諸葛亮這一生，爲之百折不撓、爲之鞠躬盡瘁死而後已的，到底是什麼？這個問題，還是留給大家思考。

分析完以上三個理由，回過頭來捫心自問，你眞的了解諸葛亮嗎？「百歲小吏之問」的答案到底是什麼？諸葛亮爲什麼不朽？

南宋末年的謝枋得說過一段振聾發聵的話，七百年後讀來，仍凜然有生氣：「大丈夫行事，論是非不論利害，論順逆不論成敗，論萬世不論一生。」（〈與李養吾書〉）中國傳統政治文化評價一個人，看的不是得失、利害、成敗，而是一個字——「道」，你的所言所行、所作所爲，是否符合道義。這個道不是簡單的道德品質，我一輩子積善行德不做虧心事，我就符合道了，就可以不朽了，不是這麼簡單。一個人自己修煉，功德圓滿，這不是道，這在佛家叫做「自了漢」，你只能自己救自己，管不了別人的死活。蘇東坡說「道濟天下之溺」，（〈潮州韓文公廟碑〉）天下處於水深火熱之中，你要能夠去拯救天下，這才是道。這種道，不僅要求你心地善良，更要有心繫天下之人的勇於擔當，有道濟天下之溺的精深智慧。諸葛亮的一生，體現出了這種大擔當和大智慧，符合中國人對「道」的最高想像，所以他能成爲中國人心目中最完美的政治家，所以諸葛亮才可以不朽。

我們今天來重新認識諸葛亮，就是要搞清楚三個問題：第一，諸葛亮和你我一樣，也是一個普通人，那他是經過怎樣的學習和努力，達到了「道」的最高境界？第二，諸葛亮在政治、法制、軍事、外交等各個方面，有什麼獨特之「道」？第三，諸葛亮的「道」對後世產生了什麼樣的深遠影響？

那麼重新認識諸葛亮，從哪裡開始呢？三顧茅廬？太晚了。隱居隆中？太晚了。從諸葛亮出生開始嗎？還是太晚了。孟子說，我們了解一個古人，要「知人論世」。想了解這個人物本身，還要了解他的前世今生，了解他所身處的時代。

諸葛亮身處在一個什麼樣的時代呢？這個時代最大的難題是什麼？天將降大任於斯人也，時代留給諸葛亮的，究竟是什麼樣的任務？

第二章 歷史的十字路口

天下之患，在於土崩，不在瓦解，古今一也。

西漢 徐樂

最可怕的時代

重新認識諸葛亮，首先要知道，他生活在一個什麼樣的時代。

諸葛亮出生在公元一八一年，按照中國傳統的王朝紀年來看，屬於東漢末年。這是一個什麼樣的時代？《三國演義》開篇就講：「天下大勢，分久必合，合久必分。」東漢末年，就處在「合久必分」的前夕，是中國歷史上最可怕的時代之一。

有人可能不同意：「合久必分」，這不還沒分嗎？後面的魏晉南北朝五胡十六國，戰火連天，屍橫遍野，更可怕。這就涉及到你對「可怕」怎麼認識。

《世說新語》記載了一個小故事：一群人聚會行酒令，每人說兩句詩，看誰說的詩描繪的境界最恐怖。說到最後一個人，他念了兩句詩，大夥兒公認這太可怕了！他念的是：「盲人騎瞎馬，夜半臨深池。」一個盲人騎著一匹瞎馬，半夜三更朝著深淵一步一步走去。為什麼這個境界最可怕？這兩句詩最讓人毛骨悚然的地方就在於：危險正在慢慢逼近，但還沒有發生。說得更通俗一點，大家都有看過恐怖片。看恐怖片，什麼時候最嚇人？當燈光暗下、音樂響起，你藉由音樂、藉由劇情，知道鬼快要出來了，但是不知道從哪兒出來，這個時候最可怕。鬼真的出來了，其實沒什麼嚇人的。心理素質好的，還可以點評一下——這個鬼化裝化得像不像，特效做得好不好。

魏晉南北朝，眞的戰亂來臨了，當然很痛苦，但是在心理狀態上也沒什麼可怕的，反而讓人覺得很坦然。你去看魏晉之交的竹林七賢，每天就是喝酒，醉生夢死。裡面有個劉伶，經常一邊喝酒一邊遊玩。找個僕人，拿著鐵鍬跟著他。劉伶特別交代他：「死便埋我。」我要是喝著酒，走著路，醉死了，死在哪兒，你就地挖個坑把我埋了（《晉書．劉伶傳》）。連死都不怕，心境非常曠達。再比如東晉末年的陶淵明，你讀他的詩，一點都不覺得可怕：「採菊東籬下，悠然見南山。」非常淡泊，因爲天下大亂嘛，把生死富貴都看透了，也就沒什麼可怕的了。

東漢末年就不一樣。你去看當時人寫的詩，〈古詩十九首〉裡很多都有一種迷茫、悲觀的情緒：「驅車上東門，遙望郭北墓」，駕著小車出城來到郊外，不是來郊遊的，遠遠地看著一片墳墓，看到了什麼呢？「下有陳死人，杳杳即長暮」，墳墓的下面埋著死了很久的人，對於死人來講，這個世界昏昏沉沉，好像漫長的沒有盡頭的夜晚一樣。各位，他說的是死人的感受嗎？他說的是活人的感受！這就是那個時代的精神狀況。對於一個聰明人來講，這種痛苦比直接身處於兵荒馬亂、戰火連天還要痛苦百倍。

諸葛亮毫無疑問是漢末最聰明的人。他的痛苦感之強烈，世間的庸庸碌碌難以夢見。

天下之患，在於土崩

爲什麼當時的人這麼痛苦呢？因爲東漢末年，面臨著土崩瓦解的危機。

我們今天經常說「土崩瓦解」，這是一個成語，其實土崩和瓦解是性質不同的兩回事。漢武帝的時候，有個文人叫徐樂，他有一個著名的論斷：「天下之患，在於土崩，不在瓦解。」（《漢書．徐樂傳》）意思是一個時代最大的危機，不是瓦解，而是土崩。

什麼叫瓦解？一塊瓦，「啪」，掉地上摔碎了，你還能重新拼起來，這叫瓦解。比喻到政治上呢，一個政權完蛋了，改朝換代，劉家完了曹家來，李家完了趙家來。政權更替，老百姓當然也要吃苦，但是畢竟是上層的鬥爭，對老百姓影響還小，忍個幾十年，改朝換代就好了。所以天下之患不在於瓦解。

那什麼叫土崩呢？一個土塊，碎成一堆粉末，拼不起來了。社會的元氣虧損了，世道人心敗壞了，這叫土崩。瓦解，解散的是一個政權；土崩，崩潰的是一個文明。

一個文明土崩了以後，往往就在歷史上煙消雲散了。比如說古希臘文明，盛極一時，崩潰了以後，今天在哪兒呢？找不著了。今天的歐洲有個國家叫希臘，文明的傳承方面，和古希臘文明沒有什麼關係。再比如古羅馬文明崩潰了以後，去哪兒了呢？沒了。今天義大利的首都叫羅馬，是一個城市，在文明的傳承方面，也和古羅馬沒有關係。

中華文明的運氣是比較好的，每次土崩了以後都能夠緩過來，但也要經歷漫長的痛苦的歲月。從公元二二〇年東漢滅亡開始，天下三分，歷史進入魏、蜀、吳三國時代；三國之後，是西晉、東晉、五胡十六國、南北朝，隋朝有一個短暫的統一，很快又崩潰了。一直要到公元六一八年唐朝建立，中華文明才算重新崛起。從公元二二〇年到六一八年，整整四百年的四分五裂，整整四百年的戰火連天。這就是土崩的後果。

當然，生活在東漢末年的人，他們不可能知道後面的歷史會怎樣發展。但是他們能夠切實地感受到這種土崩瓦解的危機。所以，東漢末年時代最大的危機，就是東漢政府即將瓦解，中華文明即將土崩。生活在東漢末年的人，老天降於他的大任，就是要去挽救這種即將土崩瓦解的局面。這就是東漢末年的時代背景，只要你生於東漢末年，無論生於五〇年代的曹操，生於六〇年代的劉備，還是生於八〇年代的諸葛亮，都必須直面這一時代命題。

但是，面對這一艱鉅的時代命題，限於個人才力之大小、意志之強弱，不同的人物作出了不同的選擇。

曹操的選擇

漢末三國，人傑輩出。逐鹿中原的袁曹，三分割據的孫劉，天下歸一的司馬，都是一流人物。至於運籌帷幄的策謀之士，揚名疆場的勇武之人，簡直不勝枚舉。但這個時代最優秀的人物，有資格接手時代重任的英雄，毫無疑問只有兩個：曹操和諸葛亮。

曹操出生於公元一五五年，比諸葛亮大二十六歲，算是諸葛亮上一代的人中龍鳳，前三國的佼佼者。那麼，我們先來看一下曹操的選擇是什麼。

曹操年輕的時候，東漢政府已經很腐敗了。但曹操是個很有理想的青年，他不屈不撓地和腐敗的當權者作鬥爭，結果很慘，在官場上三起三落，差點被人害

明代《三才圖會》中的曹操像，是時代較早的畫像之一。但歷史上的曹操恐怕沒這麼眉目清朗。《世說新語》說曹操「自以為形陋」，不敢接見匈奴使者，找帥哥崔琰冒充，自己則假裝侍衛在旁捉刀，卻被匈奴人認出是真英雄也。

死。

諸葛亮四歲那年，爆發了黃巾起義。曹操一看官場上控制不了，乾脆投筆從戎，鎮壓黃巾軍。在這個過程中，許多地方實力派招兵買馬，積累了相當強的實力，形成一個軍閥割據的局面。其中最強大的一個軍閥叫董卓，在諸葛亮九歲那年，帶領軍隊殺進首都洛陽，廢立天子、無惡不作。曹操是個有志青年，不願意跟董卓同流合汙，孤身一人逃出洛陽，被全國通緝，惶惶不可終日。逃跑的路上，發生了一件事情。曹操住在老朋友呂伯奢家裡，因爲誤會，以爲呂伯奢要給董卓通風報信陷害他，所以先下手爲強，把呂伯奢一家八口全都給殺了。到了這個時候，曹操的心態就發生了一個微妙的變化。

各位讀史，不要以後人之心度古人之腹，而要設身處地、將心比心。大家細心去讀《三國志》，就可以發現：呂伯奢事件之前的曹操，雖然有點狡猾，但基本上是個很有正義感的青年，爲了理想，反對宦官，爲了理想，反對董卓。結果呢，官越做越小，烏紗帽摘了，變成通緝犯了。本來還可以自我安慰：我這是爲了正義，我要和邪惡作鬥爭。結果因爲誤會，殺害了呂伯奢一家八口。

濫殺無辜，還算什麼正義人士？在此之前，曹操一直想要和這個黑暗的時代保持距離，保持自己內心的清白，從而來改變時代、道濟天下之溺。但是俗話說得好：「常在河邊走，哪能不溼腳？既然溼了腳，不如下河洗個澡。」曹操錯殺了呂伯奢一家八口，心一橫，決定下河洗個澡。要想在這個黑暗的時代生存，只有一個辦法：你黑，我要比你更黑。當你比所有人都黑的時候，你才能笑到最後。

各位，曹操是多麼聰明的一個人？當一個聰明人決定變壞的時候，他可以變得比以前暗算他的人更加陰險毒辣，比以前陷害他的人更加殘忍冷酷，比以前打壓他的人更加迷信武力，更加蠻不講理。所以曹操後來打袁紹，趕盡殺絕；對待漢獻帝，心狠手辣；屠殺手無寸鐵的老百姓，十幾萬人雞犬不留，眼睛都不眨一下。這就是轉性以後的曹操。我們讀歷史讀到這裡，看到曹操轉型成功，攻必克戰必勝，無往而不利，我問大家一個問題：

曹操是進步了還是退步了呢？

闔上書，想一想，再看下文。

人生的三層境界

這個問題沒有標準答案，每個人可以有自己的思考。

比如你可以覺得，曹操既然成功了，那肯定是進步了呀，哪有成功了反而是退步的呢？

我們前面講過，中國傳統文化不看利害，不看成敗，看的是「道」。曹操沒有信心沒有毅力堅持道義，只能退而求其次去追逐成敗，他退步了。

《史記．孔子世家》記載了一個小故事，可以幫助我們理解這一點。孔子周遊列國，在陳國和蔡國之間遭遇了一次大劫，這叫「陳蔡之厄」。因爲一場誤會，孔子師徒被人包圍了，一連好幾天沒吃沒喝。「弟子有慍心」，表示學生們心裡開始動搖了：我們跟著師父周遊列國，前途到底在哪裡？師父的這一套學說和理論，到底對不對？爲什麼我們到哪個國家都不受待見？

孔子看到這個情況，就把他最傑出的三個弟子——顏回、子貢、子路叫到一起，以此來考驗他們的層次。孔子問：「吾道非耶？吾何爲於此？」意思是咱們堅持的「道」錯了嗎？爲什麼淪落到這種地步呢？

子路首先回答：老師，我覺得咱們的「道」可能眞有問題，要不爲什麼人家都不聽咱的呢？（意者吾未仁邪？人之不我信也。意者吾未知邪？人之不我行也。）

子路是孔子的弟子中最勇猛的一個，打架很厲害。但是你看子路說的這個話，他覺得如果我們是對的，那別人就會聽我們的話；別人不聽我們的話，那說明我們是錯的。完全把衡量對錯的標準，交到別人手上，自己沒有原則，連是非都分不清楚。可見，子路也是三個弟子中間最軟弱的一個，他達到的境界是最低的。

孔子又問子貢：你說說吧。子貢說：老師，咱們的「道」應該沒有問題，但是可能太崇高了，一般人接受不了。要不咱們妥協一下，改造一下，讓一般人能夠接受，您看怎麼樣？（夫子之道至大也，故天下莫能容夫子。夫子蓋少貶焉？）

子貢比子路強一點，他沒有懷疑「道」，他知道我們堅持的「道」是對的，但是他想向現實妥協了，因爲他沒有勇氣堅持一個百分之百對的東西。有人說，對的東西，爲什麼沒有勇氣堅持呢？舉個例子，設身處地想一下：假如你是一個公務員，下班以後，整個科室的人都出去公款吃喝，叫你一起，你去不去？你要說不去，公款吃喝是不好的。別人就得說你：裝什麼裝，就你清高？這種情況下，你還有沒有勇氣堅持？你可能覺得，公款吃喝雖然不對，但是也沒什麼大錯，不吃還影響同事的感情呢，我還是去吧。頂多我守住底線，不貪汙不受賄就是了。那你就是向現實妥協了。劉備臨死的時候專門叮囑他的兒子：「勿以惡小而爲之，勿以善小而不爲。」（《三國志．先主傳》注引《諸葛亮集》）說起來容易，做起來談何容易？曹操就達到了子貢的層次。曹操知道什麼是對、什麼是錯，但是爲了更容易實現目標，他向現實妥協了。

孔子又問顏回，顏回說：老師，不能堅持「道」，是我們的錯；我們堅持「道」，人家不聽我們的，是人家的錯。為什麼要用別人的錯誤來懲罰自己呢？（夫道之不修也，是吾醜也。夫道既已大修而不用，是有國者之醜也。）顏回是孔子弟子裡面最體弱多病的一個，但是他的境界最高，也最勇敢，他達到了佛家所謂「勇猛精進」的境界。

什麼是對，什麼是錯，人人心裡都清楚；但是堅持一個對的東西，終生不渝，有多困難，從這個故事裡面我們可以得到深切的體會。孔子弟子三千，個個都是時代的菁英，但是只有一個顏回做到了；曹操是漢朝末年最優秀的人物，都只能退而求其次。三層境界，捫心自問，你能到達第幾層呢？諸葛亮又能到達第幾層呢？我們後面再說。

有人可能要說，曹操向現實妥協，也無可厚非嘛，只要最後能夠成功地統一天下，你又何必管他的手段是善是惡呢？要知道，如果是一個普通人不擇手段追求成功，當然也不好，但是弊端不那麼明顯。曹操是漢朝末年的領袖人物，全天下都看著他的一舉一動，他的影響力是非常大的，他選擇的道路，只要稍有偏差，失之毫釐、謬以千里，造成的惡果，也不是你我可以想像的。

那麼，曹操選擇的道路，到底有什麼弊端呢？曹操的所作所為，會對諸葛亮造成什麼樣的影響呢？

第三章 亂世孤兒

曹操因衰乘危，得逞其奸，孔明恥之，欲信大義於天下。

北宋 蘇軾〈諸葛亮論〉

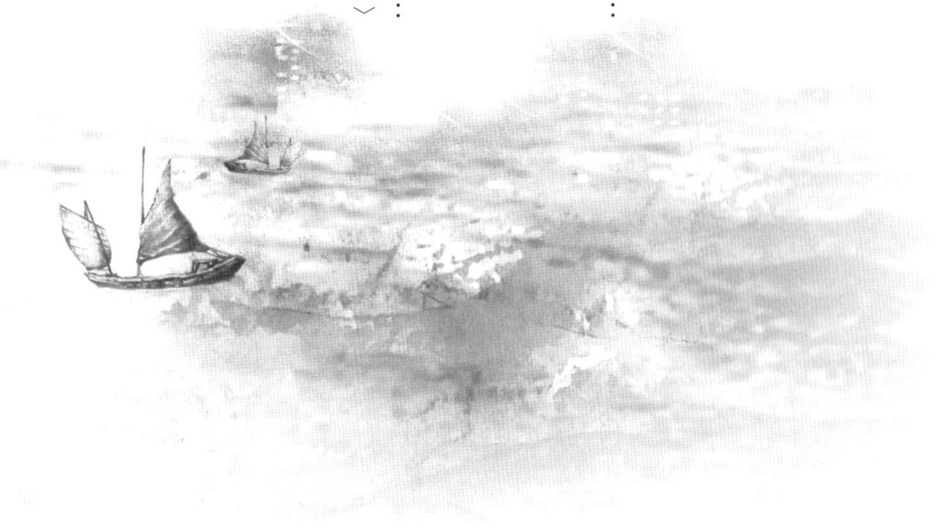

曹操的第一個致命問題

東漢末年最大的危機，是如何挽救土崩瓦解的局面。爲了解決這個危機，在諸葛亮之前，已經有無數的英雄豪傑、有識之士付出了自己的努力。其中，成就最大的一個人，是曹操；問題最大的一個人，也是曹操。曹操大家應該很熟悉了。那我問你一個問題：

你覺得曹操最大的問題在哪裡？

評價一個人出了什麼問題，要看你站在什麼角度來作評價。站在曹操的角度，他可能覺得自己沒什麼問題，很完美。要眞說有什麼問題，曹操可能覺得我還不夠心狠手辣，要是當年再狠一點，直接弄死劉備，那就沒有後來三分天下那麼麻煩了。但是中國傳統政治文化講究的是「道」，而曹操恰恰相反，他站在了「道」的對立面，他想用「詐」和「力」統一天下。詐，就是權謀，陰謀詭計；力，就是暴力，軍事實力。在戰場上，兵不厭詐，靠拳頭說話，運用詐和力也無可非議；但是曹操過於迷信詐和力，造成了非常惡劣的影響。

先說詐。

曹操喜歡用詐術，在歷史上是出了名的。他不光對敵人用詐術，對自己人也用詐術。舉個例子。《三國志》注引《曹瞞傳》記載了這麼一個故事：

曹操有一次行軍打仗，糧食不夠吃了。曹操把糧草官找來，問：這怎麼辦呀？糧草官說：我換小斗給戰士們發糧食，您看怎麼樣？本來我們是用大斗發的，只能發十個人的糧食，現在大斗換小斗，夠發二十個人了，可以解一時的燃眉之急。曹操說：「善。」你太有才了，就照你說的辦。

沒過多久，大家就發現其中的內情了，軍隊裡面一發不可收拾了。曹操一看，形勢不妙，又把糧草官找來：你惹的禍，你看這怎麼辦？糧草官說：我哪有辦法呀？再說當初還不是您批准的？您要不批，借我十個膽子我也不敢這麼幹呀。曹操說：我倒是有個辦法可以化解這場危機，就是要借你一樣東西。糧草官說：你要借啥？曹操說：借你的腦袋。就讓手下人把糧草官推出去斬了，把頭砍下來示衆，還在旁邊親筆寫了一行字：糧草官偷換小斗，中飽私囊，特此斬首示衆。大夥兒一看，曹操果然明察秋毫、執法嚴明，也就不鬧騰了，一場危機就此化解。從這件小事，就可以看出曹操的殘忍和狡詐。

《孟子》說：「行一不義，殺一不辜，而得天下，皆不爲也。」爲了得到天下，你哪怕去做一件違背道義的事情，哪怕去殺死一個無辜的人，這都是仁人君子所不屑的。在現代人看來，這種觀點好像太迂腐了。爲了早點統一天下，結束天下人的苦難，殺死一個無辜的人又算什麼呢？但是，中國傳統政治之道講究的是「爲政以德，譬如北辰」，領袖人物的一言一行，就好像掛在天上的北極星一樣，天下人都看得清清楚楚；「居其所而衆星拱之」，你的品德正了，大家也都各安其位；你的位置歪了，那整個時代都是歪風邪氣。

我們前面講過，東漢末年面臨著土崩瓦解的局面，搞不好，世道人心就要敗壞，文明就要崩潰。你曹操在這個節骨眼上玩陰謀詭計，那人心就徹底壞了。人心一壞，文明土崩，政權瓦解。曹操玩詐術，本身好像是一個小問題，沒什麼危害，但是把時間軸拉長，危害就非常顯著。這在西方，叫「蝴蝶效應」；在中國，叫「失之毫釐，謬以千里」。大家不要覺得是危言聳聽，後來歷史的發展證明：

曹操名義上輔佐漢朝，實際上「挾天子以令諸侯」，玩的是騙人把戲，樹立一個壞榜樣。

曹操的兒子曹丕有樣學樣，以所謂「禪讓」的名義篡奪大漢江山，繼續騙人。曹丕身後，司馬懿祖孫三代篡奪曹魏的江山社稷，欺負曹家的孤兒寡母，完全是學曹操當年的榜樣。

司馬氏的子孫後來被人篡奪皇位的時候，下場更淒慘，簡直是每況愈下、一代不如一代。追根溯源，曹操做爲始作俑者，難辭其咎。曹操用詐術，一開始好像把大家都騙過去了，但是孔子說「吾誰欺，欺天乎」？（《論語・子罕》）你騙得了誰呢？騙得了老天爺嗎？

騙得了歷史嗎？用詐術雖然能夠一時得逞，回過頭來還是會報在後世子孫的身上，這就是以詐取天下的危害。

曹操的第二個致命問題

再說力。

軍閥混戰的時代，殺戮是不可避免的，但是曹操的殘忍和嗜殺顯然超過了必要的限度。比如官渡之戰，曹操俘虜了一千多名袁紹的士兵，他下令把這一千多人全部殺死，把他們的鼻子全割下來，把這一千多個血淋淋的鼻子送回袁紹軍中，以起到恐嚇的效果。官渡之戰勝利以後，曹操又把八萬名袁軍俘虜全部活埋。

上有所好，下必效之。曹操手下有個王忠，軍隊沒糧食了，曾經殺人來吃。曹操的兒子曹丕聽說了這件事，派人開墳掘墓挖一個骷髏出來，繫在王忠的馬鞍上，「以爲歡笑」（《三國志．武帝紀》注引《魏略》）。在這樣歡笑的背後，我們讀出來的，是對人權的麻木，是對生命的冷漠。

什麼樣的人有資格統一天下？《孟子》說：「不嗜殺人者能一之。」只有不喜歡殺人的人，才能統一天下。有人說，打天下怎麼可能不殺人呢？殺人是不可避免的，但是殺人也必須是萬不得已的，你不能「嗜殺人」，不能喜歡殺人。像曹操這樣嗜殺的人，像曹丕這樣以殺人為樂的人，怎麼能統一天下呢？

曹操父子不但喜歡殺人，作風還有問題。曹操打一個小軍閥張繡，打贏以後，一看，你嫂子長得很漂亮，你哥又死了，乾脆別讓你嫂子守寡，跟了我吧。結果張繡不堪其辱，奮起反抗，造成曹操巨大的損失。曹操打呂布，事前聽說呂布有個部下叫秦宜祿的，他老婆長得很漂亮，打敗呂布以後立刻把秦宜祿妻納入自己的後宮。曹操打袁紹，打贏以後，聽說袁紹有個兒媳婦叫甄氏，是個著名的大美女，所以第一時間命令手下：把甄氏給我找來，我要臨幸她！結果手下回來稟報，對不住，您的大公子曹丕已經搶先一步了。曹操一拍大腿後悔萬分：「今年破賊正為奴！」意即我打仗打這麼辛苦，竟然便宜了這小子！（《世說新語．惑溺》）你看這一對父子，搶別人的城，屠殺男人，霸占女人，完全是一種強盜行徑。

所以，從中國傳統的德政文化來看，曹操雖然打仗厲害，但他的所作所為不符合道義，他是一個不合格的統治者。

但是，公元二〇八年赤壁之戰前夕的形勢就是，曹操父子統一了北方，率領大軍南下，想要用武力來統一天下。不管你喜不喜歡曹操的統治方式，不管你對曹操的欺詐和暴力是否反感，都只能夠無條件地接受這個殘酷的現實。天下的老百姓根本沒有選擇。因爲沒有人打得過曹操，沒有人能夠抵擋曹軍的鐵蹄。這就是諸葛亮出山的背景，也是時代留給諸葛亮的難題。

諸葛家的龍虎狗

歷史發展到這個時候，終於輪到諸葛亮出場了。

諸葛亮，字孔明，公元一八一年（東漢靈帝光和四年）出生於徐州琅琊陽都縣，也就是今天山東臨沂的沂南縣——諸葛亮是一個山東大漢。諸葛亮的命運非常坎坷，他兩、三歲的時候，母親就去世了。諸葛亮的父親是地方上的一個小官，在他八歲那年去世。所以，諸葛亮是一個孤兒。三國時代的很多英雄豪傑都是孤兒，像劉備、孫權，很早

乾隆皇帝《題琅邪五賢祠》詩碑拓片。五賢祠建於諸葛故里，供奉琅邪的五位先賢：諸葛亮、王祥、王覽、顏杲卿、顏真卿。其中尤以諸葛亮為世人推重。

就沒了父親。但是像諸葛亮這樣從小父母雙亡的孤兒，還是很少見。

這還不算慘，更慘的在後面。諸葛亮上面有個哥哥叫諸葛瑾，下面有個弟弟叫諸葛均，還有個堂弟叫諸葛誕。諸葛瑾、諸葛亮、諸葛誕這哥仨，在三國時代非常了不起。東漢滅亡以後，天下分為魏、蜀、吳三個國家，諸葛亮在蜀國做丞相，一人之下萬人之上；諸葛瑾在吳國做大將軍，軍界的一號首長；諸葛誕在魏國做征東大將軍都督揚州諸軍事，翻譯成白話就是揚州軍區的司令員，一方封疆大吏。《世說新語》記載當時人的評價，說諸葛氏一家出了龍虎狗三個人物，蜀得其龍，就是諸葛亮；吳得其虎，就是諸葛瑾；魏得其狗，就是諸葛誕。「一門三方為冠蓋」，一個家族在三個國家同時做到了省部級以上的高官，這在整個中國歷史上是非常罕見的。

諸葛三兄弟混得這麼好，為什麼說他們坎坷呢？我們讀歷史，不僅要讀到光鮮亮麗的紙面，還要力透紙背，從沒有文字的地方讀出資訊。

首先，諸葛兄弟生活在東漢末年，是亂世，從小父母雙亡，是孤兒——他們是亂世孤兒。俗話說得好：「寧為太平犬，莫做亂離人。」寧可做太平盛世的一條狗，也不要做亂世的一個人，更何況是亂世的孤兒。吃得苦中苦，方為人上人，諸葛兄弟做為孤兒，能在亂世成為人中龍鳳，背後有著多少辛酸苦楚，付出了多少異於常人的艱苦努力，這是我們難以想像的。

其次，諸葛兄弟在魏蜀吳三國都做到了大官——請問：兄弟三人爲什麼不在一起？他們爲什麼要到三個互相敵對的國家去？明明諸葛兄弟都是山東人，結果諸葛瑾跑到了江蘇南京找工作，諸葛誕跑到了河南洛陽討生活，諸葛亮更悲劇，穿越大半個中國跑到四川成都，連語言都不通。原因何在呢？

有個很有趣的傳說，說這是諸葛三兄弟商量的結果。因爲當時天下三分，分成魏蜀吳三個國家，三兄弟就關起門來坐一桌商量，說：看誰最有潛力，將來誰能統一天下，我們就去投奔誰吧！討論了半天，搞不清楚誰能統一天下，怎麼辦呢？最後諸葛亮就說：老大，你去吳國；老三，你去魏國；我呢，去蜀國。將來不管誰統一天下，我們不能把雞蛋放在一個籃子裡，一旦籃子翻了就全完了。我們要把雞蛋放在三個籃子裡，不管誰統一天下，都有咱們諸葛家的份兒，到時候統一的這一家要照顧另外兩家——這種傳說，聽聽笑笑就算了。

諸葛三兄弟會流落到三個不同的國家去做官，不是事先理性設計的結果，而是被動的，是時勢使然。「一門三方爲冠蓋」，聽起來很厲害，實際上是兄弟三人背井離鄉、流離失所、天各一方，反映的是渺小的個人在亂世的漩渦之中的無能爲力。

滅門慘案的蝴蝶效應

諸葛亮離開家鄉，是他十四歲那年，公元一九四年。這一年，在諸葛亮的家鄉徐州琅琊發生了一場災難，一場滅頂之災。正是這場滅頂之災，逼迫諸葛亮背井離鄉，從此再也沒有回到過家鄉；也正是這件事情，把曹操、劉備、諸葛亮三個人的命運第一次聯繫到了一起。就讓我們穿越歷史的重重迷霧，回到事發現場，近距離觀察亂世之中人物的命運。

公元一九三年，徐州發生了一起滅門慘案。被滅的是哪一家呢？曹操家。嚴格來講，是曹操的老父親曹嵩一家。

曹嵩一家，為什麼會出現在徐州呢？漢朝末年，天下大亂，曹操在中原浴血奮戰，非常危險，所以把他父親曹嵩送到徐州琅琊郡避難養老，琅琊郡，也就是諸葛亮的家鄉，這個地方當時比較安全。後來曹操在中原取得了一塊立足之地，覺得有能力保護老父親了，所以就給他爹寫了一封信，說你就別在外面擔驚受怕了，快回來吧，兒子我罩著你。曹嵩接到信，非常高興，把金銀財寶都打包，當時也沒有物流公司，只好自己運回來。

曹嵩打包了多少金銀財寶呢？根據史書的記載，一百多輛車。曹嵩帶著全家，押著一百多輛車的金銀財寶，高高興興往回趕。這可把一個人給急壞了，這個人就是徐州牧陶謙。陶謙覺得，你敢帶這麼多金銀財寶招搖過市，你不怕把賊給招來啊？就算你不怕，我還怕呢，現在你兒子曹操這麼猛，你要在我的地盤上有個三長兩短，我得吃不了兜著走。所以我乾脆好人做到底、送佛送到西，我派一支軍隊來保護你，把你安全護送出界。沒想到所託非人，這支軍隊的長官起了邪念了，走到半道上，實在是抵抗不住一百多輛車的金銀財寶散發出來的誘惑氣息了，我這輩子哪見過這麼多錢啊，我要把這些金銀珠寶都給劫了，後半輩子吃喝不愁！於是製造了一起滅門慘案，把曹嵩全家給殺了，劫了財寶逃跑，從此以後下落不明，史書上關於這個劫匪就沒有任何記載了。

父親被殺，那還了得？曹操一怒之下，失去理性，牽領軍隊攻打徐州。反正劫匪是找不著了，曹操就把氣全撒在徐州老百姓的頭上。根據《後漢書．陶謙傳》記載，曹操在這一次戰役中，製造了一場慘無人道的大屠殺，「凡殺男女數十萬人，雞犬無餘，泗水爲之不流」。一共殺害了十幾萬手無寸鐵的老百姓，雞犬不留，屍體堆積如山，把今天山東境內一條叫泗水的大河都給堵住了。公元一九四年，曹操第二次攻打徐州，這一次戰火終於燒到了諸葛亮的家鄉琅琊郡。

曹操兩次攻打徐州的時候，陶謙也沒有閒著，他在向天下各路諸侯廣發求救信：你們誰來幫幫我，誰可憐一下徐州的老百姓吧！沒人敢來。大夥兒都知道，曹操這次是殺紅眼了，誰敢來蹚這趟渾水？所以事不關己，沒有一個人敢來。

但天下並非無人。當時偏偏有一位英雄好漢，看不過曹操的強橫霸道，二話不說就來了。這人是誰呢？不是別人，正是劉備。劉備當時手上只有一千人馬。用一千人馬，去跟曹操的虎狼之師打，等於飛蛾撲火，以卵擊石。當時天下比劉備強大的軍閥有得是，偏偏是最弱小的劉備來了。劉備不僅來了，而且居然拚死抵抗住了曹操的進攻。當曹操悻悻退兵的時候，他一定記住了城樓之上那個隱約的身影，那個落魄卻自命皇族的男子。

這是兩個絕代英雄的首次邂逅，今後他們將對抗到生命的最後一息。

劉備拯救了徐州，成爲徐州老百姓心目中的大救星。劉備這樣一種急公好義的精神，雖千萬人吾往矣的氣魄，應該給少年諸葛亮留下了非常好的印象。有的人讀三國，看到劉備三顧茅廬請諸葛亮出山，天下三分，就感慨：如果曹操搶先一步來請諸葛亮就好了。這種想法是錯誤的，沒有聯繫前因後果。曹操請諸葛亮，諸葛亮會出山嗎？劉備三顧茅廬，眞的純粹是因爲運氣好嗎？不是的。劉備和諸葛亮之間的因緣，早在十幾年前就已經種下了。

劉備給少年諸葛亮，留下的是美好形象；曹操給少年諸葛亮，留下的卻是心理陰影。經過曹操的大屠殺，徐州之大，已經放不下一張平靜的書桌了。所以諸葛家族決定逃難。諸葛亮父母雙雙亡故，主持大局的是叔叔諸葛玄。公元一九四年，諸葛亮十四歲，諸葛玄留下老大諸葛瑾看家，自己帶著老二諸葛亮、老三諸葛均，還有諸葛亮的兩個姐姐，背井離鄉，外出逃難。從此以後，諸葛亮再也沒有回到過山東老家。

離開徐州才知道，當時的天下到處都是兵荒馬亂、戰火連天，一個長達四百年的亂世已經緩緩拉開了序幕。身後已無退路，前途一片渺茫。天地之大，哪裡是亂世孤兒諸葛亮的容身之處呢？

第四章

南陽臥龍

漢道昔雲季，群雄方戰爭。
霸圖各未立，割據資豪英。
赤伏起頹運，臥龍得孔明。
當其南陽時，隴畝躬自耕。

唐 李白〈讀諸葛武侯傳書懷〉

太平宰相在亂世

公元一九四年曹操攻打徐州，戰火燒到琅琊郡，十四歲的諸葛亮迫不得已跟著叔叔諸葛玄、弟弟諸葛均，還有兩個姐姐，離開家鄉，開始了流浪生涯。

俗話說得好，在家靠父母，出門靠朋友。諸葛玄有一個朋友，非常厲害。他不僅收留了諸葛玄叔侄，而且對諸葛亮的成長起了舉足輕重的影響。這個人，名叫劉表。

劉表，是東漢末年荊州的軍閥。荊州在哪兒呢？漢朝的南方，沿長江順流而下可以分成三大板塊，分別是長江上游的益州、中游的荊州和下游的揚州，相當於我們今天說的西南地區、中南地區和東南地區。其中，又以荊州最爲迷人。荊州，囊括今天的兩湖大地，山川逶迤，風物靈秀，人物繁阜。長江橫亙其間，將荊州一分爲

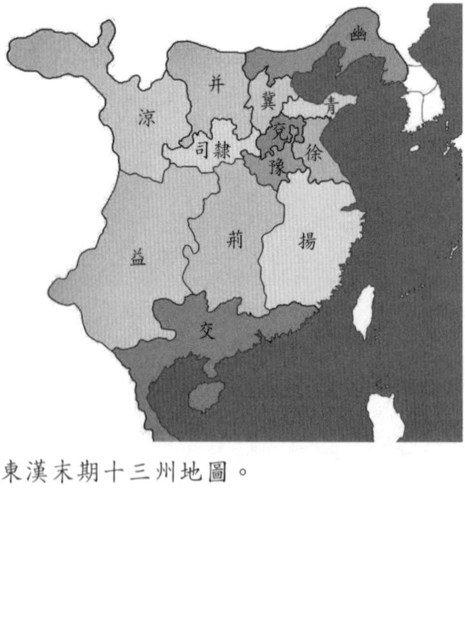

東漢末期十三州地圖。

二，江北有富庶的江漢平原，江南則有雲蒸霞蔚、氣象萬千的洞庭湖。荊州的人口，據《後漢書．郡國志》，在漢順帝時官方統計資料，有六百三十萬左右，占當時全國總人口的百分之十三。劉表，就是這一片大好河山的主人。

那劉表是個什麼樣的人呢？我講兩個小典故來說明問題。

第一個典故，「劉表牛」。

《世說新語》記載：劉表在荊州養了一頭牛，長得特別肥、特別大，重達一千斤。每天吃的草料，是普通牛的十倍；但是你讓牠去幹活兒，沒走兩步就氣喘吁吁、汗流浹背，完全是一頭寵物牛。這頭牛在劉表手裡寶貝得不行，覺得你長得這麼肥乎乎的，好可愛呀，每天給牠洗澡、梳毛。後來劉表死了，曹操占領荊州，俘虜了這頭牛。曹操是個非常實際的人，覺得這牛光長得大，一點用都沒有，還特別費草料，就把它宰了做成燒烤，手下士兵一人一串，吃了。所以，「劉表牛」專指大而無用的東西。

第二個典故，「雅量」。

曹丕《典論》記載：劉表在荊州製作了三個酒杯，給每個酒杯取了個名字，最大的叫伯雅，伯就是老大的意思，能裝七升酒；次大的叫仲雅，老二，能裝六升酒；最小的叫季雅，老三，能裝五升酒。當時的五升酒，大概有兩斤，也不少了。三個雅裝滿酒放在那兒，你能喝掉其中任何一個，那就說明你酒量好，這叫有「雅量」。「雅量」這個典故，就是打這兒來的。

從這兩個小典故可以看出什麼呢？劉表這個人很有文化，小日子過得很精緻，養養寵物，給杯子取名字，很有情趣的一個人。但是劉表沒有逐鹿中原的野心。所以劉表治理荊州，就像他的那頭牛一樣，越養越大，越養越肥，然而這又如何呢？魯迅說過：「倘是獅子，誇說如何肥大是不妨事的，倘是一頭豬或一匹羊，肥大倒不是好兆頭。」劉表把荊州越養越肥，最終會引起各家的覬覦。

當然，劉表也有他的優點。當時人評價劉表，說他是「平世三公才」，「三公」就是東漢的宰相，如果放在太平盛世，劉表是做宰相的料。劉表沒有野心，打仗不行，但是他把荊州的經濟和文化，搞得有聲有色、非常繁榮。尤其是荊州的文化事業，非常繁榮，當時天下軍閥，居然有閒情逸致搞文化的，獨此一家。所以，在當時天下大亂的情況之下，荊州對於諸葛玄叔侄五人來講，簡直是一塊世外桃源，是最理想的避難所。

隆中十年的「黑匣子」

到了荊州沒兩年，諸葛亮十七歲，叔叔諸葛玄去世。從此以後，諸葛亮、諸葛均兄弟找了個地方叫隆中，隱居起來。

隆中，根據《三國志》裴注的記載，地理位置在今天湖北襄陽的西邊，漢代的行政區劃屬於南陽郡。歷史上，襄陽人和南陽人爲了爭奪諸葛亮隱居地，打了幾百年的口水戰，其實就是這麼一個行政區劃變更的問題。

這個地方爲什麼叫「隆中」呢？因爲此地有座小山，中間微微隆起，所以叫「隆中」。《三國演義》描寫隆中：「山

湖北文理學院校園內回望隆中。蘇東坡有詩云：「回頭望西北，隱隱龜背起。傳雲古隆中，萬樹桑柘美。」今天的隆中，建築多近世仿造，但山形依然舊觀。

不高而秀雅，水不深而澄清，地不廣而平坦，林不大而茂盛。」現在到襄陽隆中尋訪遺跡，感覺《三國演義》的描寫和隆中的實際情況非常符合。在城市化高度發達的今天，隆中仍然僻處郊外，依山傍水、鬧中取靜，一如當年諸葛亮入住時的樣子。

諸葛亮從十七歲開始隱居隆中，到二十七歲出山，一共在隆中隱居了十年。正是這十年，諸葛亮從一個少不更事的少年，經過不斷的努力，走向「道」的最高境界，為人稱「臥龍」的一代完人。

咱們讀三國，諸葛亮出場的時候，已經是臥龍了。隆中隱居的十年，幹了什麼，沒人知道，就好像一個神祕的黑匣子一樣。今天，我們就來揭開歷史的迷霧，看一看諸葛亮在隆中隱居十年，究竟幹了什麼？一代臥龍，到底是怎樣煉成的？

諸葛亮隱居十年，主要幹了三件事情：

第一，躬耕。

躬耕，就是親自耕地。諸葛亮〈出師表〉有云：「臣本布衣，躬耕於南陽，苟全性命於亂世，不求聞達於諸侯。」《三國志．諸葛亮傳》也說：「亮躬耕隴畝，好為〈梁父吟〉。」〈梁父吟〉是山東的民歌，諸葛亮在青山綠水之間種種地，唱唱歌，非常逍遙自在。那諸葛亮為什麼要親自耕地呢？

一個是爲了解決吃飯問題，諸葛亮沒有收入來源，要想隱居，就只好自己動手豐衣足食。第二個，「耕讀傳家」是中國古代理想的生活方式。中國文化要養成一個理想人格，讀書、生活，缺一不可。光會謀生不會讀書，人生的境界就不高。光會讀書不會生活，那就是書呆子。曾國藩的爺爺在家廟裡貼了一副對聯：「敬祖宗一炷清香，必恭必敬；教子孫兩條正路，宜讀宜耕。」後來曾國藩官做得那麼大，非常有錢，在寫給兒

襄陽古隆中的躬耕亭，相傳諸葛亮早年在此「躬耕隴畝」。斯人已去，澤及草木。襄陽人世代為之躬耕不替，至今薺麥青青。

子的家書裡面，仍然最關心兩件事情：一是學會讀書，二是學會生活。諸葛亮在隆中半耕半讀，對他人格的養成起到了基礎性的作用。

三次聯姻，搭線四大家族

第二，聯姻。

聯姻，就是通過婚姻關係，把兩個家族結爲姻親。今天，年輕人往往把婚姻看成是男女私人的事情，做爲家長你不能干預，只能乾著急。但是古代不一樣，婚姻不僅僅是兩個人的事情。《禮記》有云：「夫昏禮，萬世之始也，取於異姓，所以附遠厚別也。」從橫向來看，婚姻是兩大家族的結合；從縱向來看，婚姻是千秋萬世的開端，所以看得非常重。

而且中國古人講究同姓不婚、異姓相婚，一個是爲了「厚別」，防止近親繁殖；第二個是爲了「附遠」，一個家族，本來跟你們家完全沒關係，一個在雲南騰衝，一個在黑龍江漠河，八竿子打不著，就因爲你們兩家的小孩結婚了，兩個家族就結合到了一起，這叫「附遠」。

諸葛亮在荊州，初來乍到、人生地不熟，要想在這裡迅速站穩腳跟，聯姻是一個好辦法。荊州最有實力的大家族，是龐、黃、蒯、蔡四大家族。諸葛亮透過聯姻，和四大家族都有聯繫。

蒯家是荊州地方上的大家族，有很多人在朝為官，比如蒯良、蒯越，都是荊州的顯宦。曹操後來打下荊州，說：「不喜得荊州，喜得蒯異度耳！」意思是我得到荊州並不高興，高興的是得到了蒯越（蒯異度）。（《三國志》注引《傅子》）這個蒯越，就是荊州蒯家的頭面人物。諸葛亮的大姐就嫁入了蒯家。

龐家也很厲害，龐家的戶主叫龐德公，是漢末著名的隱士。劉表曾經好幾次請龐德公出山，比劉備三顧茅廬跑得還勤快，龐德公一概拒絕。有一次，劉表又來請龐德公，龐德公當時正在種田。劉表就很感慨，勸他說：老兄，你還是出山做官吧。你看你在這裡隱居，生活這麼苦，還要親自下地。你不為自己著想，你也得為子孫後代想想呀。人家的爸都是當官的，死後能給孩子留下金銀財寶。你將來死了，能給孩子留下什麼呀？龐德公回答：「世人皆遺之以危，今獨遺之以安。」別人做官，給子孫留下的是危險；我不做官，給子孫留下的是安全（《後漢書．逸民傳》）。從這件事情，可以看出龐德公的志趣，也可以看出龐家在荊州的地位。龐德公還有個侄子，大家比較熟悉，叫龐統，人稱「鳳雛」，和諸葛亮齊名，後來也做了劉備的謀士。諸葛亮的二姐，就嫁給了龐德公的兒子。

除了兩個姐姐，在這十年期間，諸葛亮也解決了自己的終身大事。他聯姻的對象是黃家。

黃家的戶主叫黃承彥，也是當地的名士。今天襄陽郊外有個地方叫黃家灣，和隆中一山之隔，傳說就是黃承彥的故里。諸葛亮隱居隆中，和黃承彥算是鄰居，一來二去，黃承彥就覺得這小夥子不錯，是個潛力股。《三國志》裴注說黃承彥這個人「高爽開列」，就是為人大大咧咧，不拘小節。黃承彥看上了諸葛亮，也不託人說媒，逕自上門，開門見山就說：「聞君擇婦，身有醜女，黃頭黑面，而才堪相配。」我聽說你要找對象，我剛好有個女兒，可能長得比較對不起觀眾，頭髮是黃的，臉是黑的。但是我女兒很有才華，跟你剛好配一對兒，不知你意下如何？諸葛亮也非常爽快，當場答應。一對青年男女，就此喜結連理。

俗話說郎才女貌，愛美之心人皆有之。諸葛亮條件這麼好，為什麼偏偏找了個醜女呢？首先，黃家的社會地位，肯定是諸葛亮的考慮因素之一。黃家是荊州四大家族之一，另一個大家族叫蔡家，蔡家有兩個女兒，大女兒嫁給了黃承彥，小女兒嫁給了荊州牧劉表。所以，劉表是黃承彥的連襟，是諸葛亮的姨夫。背靠大樹好乘涼，這應該是諸葛亮考慮的一個因素。

當然，更主要的原因，在於黃氏夫人才華出眾，是相夫教子的賢內助。黃氏夫人到底怎麼有才華？史書沒有記載，民間有很多傳說，我們可以看其中最早的一個。北宋詩人范成大寫的《桂海虞衡志》記載了一個襄陽的民間傳說，說諸葛亮家來客人了，諸葛亮就吩咐老婆，你去做麵條待客。沒多大會兒工夫，麵就端上來了。諸葛亮覺得非常納悶，我記得家裡沒麵粉了呀，只有小麥。要把小麥磨成麵粉，再做成麵條，得費好多工夫，你怎麼就這麼快呢？

爲了揭開這個謎，諸葛亮故意又趁著家裡沒麵粉了，請客人回家吃麵。這客人說上次在你家吃過麵了，咱吃別的行不行？諸葛亮說不行，就吃麵。一到家就吩咐黃氏，你去下麵，客人等著吃麵呢。黃氏前腳進廚房，諸葛亮後腳跟過來偷窺。不看不知道，一看嚇一跳。原來廚房裡有很多木頭做的機器人，在幫著挑麥子磨麵粉。諸葛亮這才知道老婆的本事——我本以爲只是個醜八怪，沒想到卻是個物理天才！虛心求教，後來利用這種機械原理發明了可以自動搬運糧食的木牛流馬。這個傳說呢，肯定是虛構的。但是從中可以看出黃氏夫人的聰明才智，以及她對諸葛亮的幫助。

諸葛亮透過三次聯姻，和荊州四大家族都建立了聯繫。所以諸葛亮可以在隆中隱居十年，沒有後顧之憂。

天才是先天生出來的，完人是後天學出來的

那麼這十年期間，諸葛亮做的第三件事情是什麼呢？諸葛亮做的第三件事情，也是最重要的事情，就是學習。

咱們今天要想學習，非常方便。想買什麼書，書店裡都有。一個手機，可以存幾千本電子書，隨時隨地可以看。所以大家一般都用手機來聊天、玩遊戲。古代看書就很不容易。

漢朝的書，都寫在竹簡上，光一部《史記》，要抄一萬多枚竹簡，重量大概是五十公斤，捲起來放，要放兩大書架。更何況東漢末年，天下大亂，太學關了，國家圖書館燒了，要想找本書讀，非常困難。但是劉表的荊州，爲諸葛亮提供了非常好的學習條件。劉表這個人，雖然打仗不行，但是很有文化，辦教育有一套。別的軍閥都在招兵買馬的時候，他在高薪聘請學者，到荊州辦學校、做學問。南宋的地理書《輿地紀勝》記載，在襄陽城南二里地，大概在今天南湖賓館的位置，劉表辦了個學校叫「學業堂」，當年諸葛亮曾經在這裡上學。

太學關閉以後，學業堂就是當時全國的最高學府。學業堂有兩大特點：

第一，師資力量非常雄厚。

學業堂有三百多位「洪生巨儒」在這裡講課，「雖洙泗之間，學者所集，方之蔑如也。」（〈劉鎮南將軍墓誌〉）洙泗之間，是孔子講學的地方，也是儒家大師雲集的所在。就算是洙泗之間這樣文化傳統深厚的地方，都難以和劉表辦的學業堂相比。學業堂師資力量之雄厚，由此可見一斑。這些洪生巨儒，構成了歷史上的「荊州學派」，是兩漢經學向魏晉玄學轉折的一個關節點。

第二，教學內容非常全面。

太學，一般只教經學。劉表的學業堂，卻教得很雜。《太平御覽》引《荊州文學記官志》記載：學業堂的教學內容有「訓六經」，這是經學課；「講禮物」，這是禮儀課；「諧八音」，這是樂器課；「協律呂」，這是音樂理論課；「修紀曆」，這是天文課；「理刑法」，這是法律課。「六路咸秩，百氏備矣」，除了以上六門功課，還要學習諸子百家的思想。為什麼學業堂教得這麼雜呢？因為當時已經是亂世，你光學經學和禮樂，肯定不行，畢業了連工作都找不著。所以還要學法律、學天文、學諸子百家的思想，正是為了活躍思維、學以致用。

諸葛亮在學業堂，博覽群書、刻苦學習，掌握了系統的知識和技能。後來諸葛亮會仰觀天文，會俯察地理，會治國理政，會行軍打仗，會發明創造，能說會道、能算會寫，還懂音樂、會唱歌、會畫畫、會做菜，這不是我編的，也不是小說家的虛構，而是歷史事實。乾隆皇帝，自詡「十全老人」，也就是中國歷史上最完美的老頭，一輩子誰也不服，就服諸葛亮，寫了一句詩：「端推諸葛是完人」，說諸葛亮才是眞正的「完人」。中國文化不推崇天才，只推崇完人。天才是先天生出來的，完人是後天學出來的。《論語》二十篇，第一個字就是一個「學」字，値得大家深思。

那有人說了，我每天也在學習啊，怎麼也沒見我變成完人？別說您了，當年學業堂「吏子弟受業之徒，蓋以千計」，一千多的學生，眞正學到諸葛亮這個地步的，絕無僅有。同樣在學業堂，跟同樣的老師，學同樣的內容，爲什麼結果天差地別？今天很多父

明宣宗朱瞻基所繪《武侯高臥圖》，畫中的諸葛亮袒胸露乳，頭枕書冊，仰臥竹林，正是「臥龍」風采。

母，也有同樣的困擾，甚至懷疑我們家孩子遺傳基因是不是不太好？不是的。決定性的因素有兩個：

第一，志向不一樣；第二，方法不一樣。

那麼，諸葛亮有哪些獨特的學習方法值得我們借鑑呢？諸葛亮在隆中隱居十年，他的志向究竟如何？

第五章
志存高遠

夫君子之行，靜以修身，儉以養德。非澹泊無以明志，非寧靜無以致遠。夫學須靜也，才須學也，非學無以廣才，非志無以成學。

蜀漢 諸葛亮〈誡子書〉

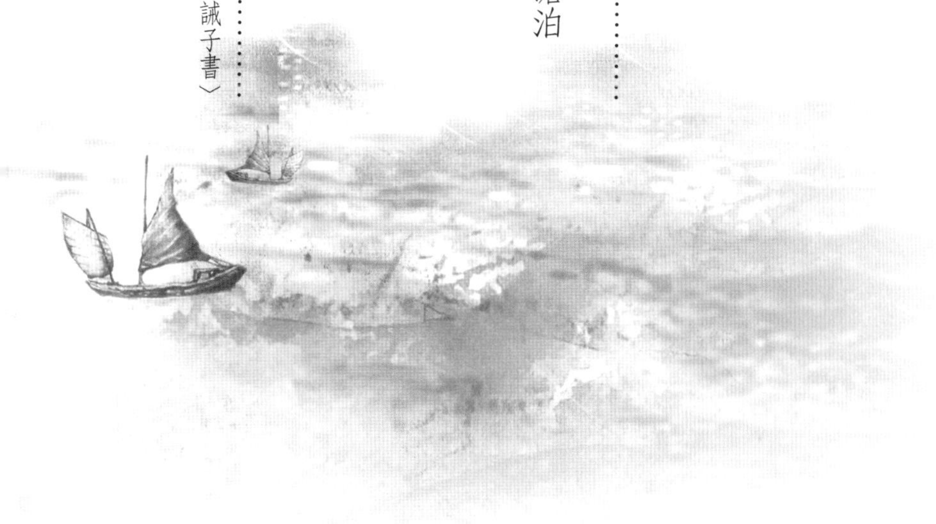

寧靜，是學習的第一法門

諸葛亮在隆中隱居十年，藉由聯姻站穩了腳跟，藉由學習提升了自我。諸葛亮的學習方法，有什麼祕訣呢？我把諸葛亮學習法概括為三條祕訣，你要學會了，你也行。

諸葛亮學習法的第一條祕訣：寧靜致遠。

中國人一輩子會說很多假話，但是兩種情況下一定會說真話：第一，臨死之前說的話，人之將死其言也善；第二，講給子女聽的話，「虎毒不食子」，一個人再壞，一般來講也不會害自己的孩子。

諸葛亮在臨死之前，給八歲的小兒子諸葛瞻寫了一封〈誡子書〉，一共才八十六個字，字字心血。在〈誡子書〉中，諸葛亮透露了自己的學習祕訣：「才須學也」，一個人的才華不是天生的，而是後天學出來的。各位，這是公認的天才說的話，連天才都認為才華並非天生，而是後天所學。那麼，怎麼學出來呢？「學須靜也」，要寧靜，才能成學。所以，「非澹泊無以明志，非寧靜無以致遠」。寧靜致遠，一般理解為一種心境，我說是學習方法，可能不太好明白，我給大家舉一個例子。

王安石有一篇名文〈傷仲永〉，說他老家江西有一戶姓方的人家，世世代代都是農民。

生了個孩子，叫方仲永。五歲的時候，方仲永突然哭著鬧著要筆墨紙硯。大人覺得奇怪，咱家只有鋤頭，哪有筆墨紙硯？再說我們也從來沒教過你寫字啊，你要筆墨紙硯幹嘛？小孩哭得不行，他爹沒辦法，就找隔壁秀才家借了一副文具給方仲永。方仲永拿過筆來，當場寫了一首詩。他爸也不認識字，就找秀才來看。秀才一看，大吃一驚——神童，鑑定完畢。這孩子太聰明了，雖然寫的詩也不能說有多好，但是五歲的孩子，你想想，能不尿床就不錯了，居然還能寫詩，而且還押韻，意思也通順。不得了，老方家出了個天才。方仲永的爸不信，不是一次性的吧？保險起見，再試一次。隨便出個題目，讓方仲永寫詩，方仲永當場又寫一首，「文理皆有可觀者」，文筆不錯，還有思想性。這下方仲永出了名了，大家都知道有個五歲小孩會寫詩，爭相來看。還有地方上的土豪，出錢請方仲永去表演。方仲永的爸覺得有利可圖，就領著小孩巡迴演出。過了十五年，王安石回老家，問：當年那個會寫詩的神童怎麼樣啦？家裡人說：別提了。「泯然眾人矣」，和普通人沒什麼分別了。

為什麼方仲永會「泯然眾人矣」？因為他不能「靜」。「才須學也，學須靜也」，靜下心來才能學習。方仲永仗著自己有天才，只知道在喧囂的人群中輾轉表演。自從方仲永的天才被發現以後，就一直在消耗自己的天才，而沒有後天的積累和吸收，光有支出，沒有半點進賬，當然就止步不前，不能到達人生境界的至高至遠之處。所以說「非寧靜無以致遠」。

如果你是諸葛亮，眼看著你的同學這個在曹魏集團找了份好工作，那個在孫吳公司謀了份好差事，你坐得住嗎？你的書還讀得進去嗎？板凳坐得十年冷，文章不寫一字空。諸葛亮如果沒有寧靜的心態，不能遠離浮躁喧囂的亂世，是不可能在隆中隱居十年、學習十年的。宋代大儒朱熹也評價《誡子書》：「靜便養得根本深固，自可致遠。」（《朱子語類》）正是對「寧靜致遠」這種學習方法的肯定。所以，寧靜致遠，這是諸葛亮學習法的第一條祕訣。

師友砥礪，是最好的磨刀石

第二條祕訣：以文會友。

有人說「寧靜致遠」嘛，那我回家面壁去，關起門來面壁十年，是不是也能成爲諸葛亮？我估計成書呆子還差不多。

《禮記》有云：「獨學而無友，則孤陋而寡聞。」你要是一個人學習，沒有朋友，那肯定會孤陋寡聞。這裡的朋友，不是吃吃喝喝的酒肉朋友，而是學友。《論語》有云：「君子以文會友，以友輔仁。」君子以學問交朋友，讓朋友幫助自己進步。諸葛亮在隆中十年，交了很多師友，比如司馬徽、徐庶、崔州平、石廣元、孟公威。我們舉其中具有代表性的一師一友來看。

師的代表，是司馬徽。

司馬徽是荊州的隱士，因爲有知人之明，所以人稱「水鏡」，形容他像水一樣公平，像鏡子一樣明亮。但是東漢末年天下大亂，司馬徽爲了明哲保身，故意裝出一副傻乎乎的形象。別人跟他說話，不管說什麼，他都說好。有個人跟司馬徽聊天，說到自己的兒子死了。司馬徽說：很好。這個人走後，司馬徽的老婆就埋怨他，說人家是信任你，才跟你說他兒子死了，你怎麼能說好呢？司馬徽說：你這個意見也很好嘛。所以司馬徽得了個外號，叫「好好先生」。司馬徽雖然裝癡賣傻，但他肚子裡有眞學問。諸葛亮經常和他來往，向他請教。司馬徽的年紀比諸葛亮大很多，他和諸葛亮的關係在師友之間。

友的代表，是徐庶。

徐庶家境貧困，年輕的時候喜歡「任俠擊劍」，拿今天的話講，就是混過黑社會。有一次，一個兄弟被人殺了。徐庶臉上抹上石灰粉，披頭散髮去爲兄弟報仇，一刀把仇人給宰了。正想跑路，被官差活捉。官差一看這人，滿臉石灰粉，看不出長相，就問他：你叫什麼名字呀？徐庶咬緊牙關，一個字不肯說。官差沒辦法，把他綁在車上，上街遊行，問有誰認識他。老百姓都知道徐庶混黑道的，哪敢說？後來徐庶的幾個兄弟聯手劫法場，把徐庶給救走了。

徐庶大難不死，非常後悔。他反思自己的人生，覺得這二十多年渾渾噩噩，不知道在幹什麼。照這麼下去，總有一天橫死街頭。大丈夫在世，生當揚名立萬，死當青史留名，怎麼能像一個小混混一樣橫死街頭呢？這是徐庶不能接受的。所以他痛下決心，要洗心革面、重新做人。他把家裡的武器，什麼刀槍劍戟斧鉞鉤叉雙節棍，全扔了，換了一身文人的打扮，進學校學習。同學們知道這人以前是混黑道的，誰都不願意跟他來往。要換了徐庶以前的暴脾氣，先打殘一個再說。但是現在徐庶的志向已經不一樣了，你瞧不起我我就打你，這不正好證明我是黑社會，你們不就更瞧不起我了嗎？所以別人越是看不起他，他表現得越是謙虛謹慎、彬彬有禮，每天大清早起床打掃教室，同時刻苦讀書，我要讓你們看到我是一個眞正的讀書人。要知道，徐庶絕非好對付的人，他當年鬧市殺人，眼睛都不眨一下；如今折節向學，而能屈己事人，從中可以看出他的隱忍與志向。後來，徐庶果然學有所成。

宋儒修行，講究「師友夾持」。諸葛亮在隆中十年，與司馬徽、徐庶等師友過往甚密，每日裡切磋砥礪。人生如刀，越磨越利。

觀其大略，這樣讀書才有效

諸葛亮的這幾個朋友，像徐庶、崔州平、孟公威、石廣元等人，也能夠寧靜致遠，也能夠以文會友，但是成就沒有諸葛亮大。原因是什麼呢？因爲諸葛亮學習法的三條祕訣，會了前兩條，可以到達徐庶這個層次，有了第三條，才能到達諸葛亮的層次。第三條祕訣，就是拉開差距的關鍵原因。那麼諸葛亮學習法的第三條祕訣是什麼呢？四個字：志存高遠。

諸葛亮曾經寫過一篇〈誡外甥書〉，寫給他外甥的，開頭就說：「夫志當存高遠。」從前面徐庶的故事我們可以看出，他的志向已經非常高了，但是諸葛亮的人生境界之高、志向之大、自我要求之嚴，還遠在徐庶之上。這從兩件事情可以看出。

第一件事情，《三國志．諸葛亮傳》注引《魏略》，說諸葛亮、徐庶、孟公威、石廣元四個人一起讀書，「三人務於精熟」，徐庶他們三個追求「精熟」，這個字什麼意思，那句話怎麼解釋，恨不得全篇倒背如流。諸葛亮呢？「亮獨觀其大略」，諸葛亮卻只看個「大略」。

有人說了，這像我，我看書也是觀其大略，隨手拿起來翻一翻，看個大概就得了。同樣一首詩，人家看完了，「鋤禾日當午，汗滴禾下土」，能背出來；我看完了，「那啥那啥啥，那啥那啥啥」，一個字記不住。這個不叫「觀其大略」。「觀其大略」讀書法，首先要明白，什麼叫「略」。

漢朝的大學問家劉向、劉歆父子整理國家圖書館的書，每整理完一本，寫一篇「略」，用幾十個字概括一本書的菁華。所以在漢朝，從讀書來講，「略」就是一本書的菁華，一本書的靈魂。打個比方，我們讀《西遊記》，書中比較低等的妖怪吃人，抓起來連骨頭帶肉嗞嚓嗞嚓嚓啃，血肉模糊，吃相很難看，這就好像讀書的時候你逐字逐句、生吞活剝，「務於精熟」；高等的妖怪呢，對著你吸一口氣，就把你的魂魄、把你的菁華都給吸走了，這就叫「觀其大略」。剩下的軀體，老實說，失魂落魄，沒有多少營養了，就丟給低等妖怪啃。

徐庶等人「務於精熟」，牢記的是一本書的「形」；諸葛亮「獨觀其大略」，攝取的是一本書的「魂」。「觀其大略」有兩個好處，一是學得快，二是學得活。各位考慮一下，背書的目的是什麼？為了達到什麼目的，你必須把一本書一字不差地背下來？只有兩種情況：第一，考試；第二，炫學。徐庶等人「務於精熟」，志向不外乎此。但是你吸取一本書的「魂」，那一定是為了學以致用；「觀其大略」，那一定是為了致大用。所以諸葛亮的志向，和徐庶他們是不可等量齊觀的。

笑而不語，透露無聲的志向

第二件事情更加明顯。《魏略》說諸葛亮「每晨夜從容，常抱膝長嘯」。因爲諸葛亮看書看得快，節省下來很多時間。徐庶他們還在埋頭苦讀、「務於精熟」的時候，諸葛亮閒著沒事做了，常常雙手抱著膝蓋，坐在那兒「長嘯」。

什麼叫長嘯？不是龍吟虎嘯嗷嗷叫的那種「長嘯」。《毛詩》鄭玄注說是「蹙口而出聲」，將嘴唇撮起一個小小的出風口，讓氣流通過出風口形成聲音，簡單來講，就是吹口哨。當然，魏晉時期的「長嘯」，比今天的吹口哨技術高明多了，可以聲聞數

古隆中的抱膝處，晚清長江水師提督程文炳重建。《抱膝處碑記》：「武侯祠東南百餘步，有阜隆起，縱橫十餘丈，自後山逶迤而下，至此氣為之聚」，乃構亭其上。諸葛亮隱居時常抱膝長嘯，以舒志氣。

里、清越悠揚，非常好聽。

徐庶他們在讀書，你諸葛亮在一邊閒著沒事吹口哨，是不是存心搗亂？不是。「長嘯」，在古代是用來抒發胸中之氣的。你胸中有氣，無論是志氣、怒氣、憤懣之氣、浩然之氣，都可以透過吹口哨的方式，抒發出來。像岳飛〈滿江紅〉的「仰天長嘯」，就是因爲家國之恨、靖康之恥，透過吹口哨來抒發怒氣。

諸葛亮「抱膝長嘯」，抒發的是志氣。他長嘯了一會兒，跟那三個哥們說：你們三個人如果做官，可以做到刺史、太守。刺史相當於今天的省長，太守相當於市長。大夥兒挺滿意，就問他：那你呢？你能做多大的官？諸葛亮「笑而不言」，光笑笑，沒說話。那諸葛亮是什麼意思呢？一般的解釋，諸葛亮後來做官不是做到蜀漢的丞相嘛，丞相比刺史太守大多了，所以諸葛亮「笑而不言」，心裡想的是我比你們都大，我要做丞相！

這種解釋，其實並不恰當。第一，蜀漢

明末張風繪諸葛亮像，畫中的諸葛亮羽扇綸巾，正是「抱膝」之姿。

的丞相，未必比曹魏的刺史來得大。因爲蜀漢是小國，曹魏是大國。小國的丞相，未必比大國的刺史大。就好像中國的一個省長，管轄的人口、土地，往往比一個小國總統還要多。第二，諸葛亮不能預知未來，他不可能料想到劉備將來會三顧茅廬請他出山。如果沒人請他出山，諸葛亮很可能隱居一輩子，怎麼做官呢？所以這個解釋並不恰當，沒有說中諸葛亮的心中所想。

那麼，諸葛亮心中所想，究竟是什麼呢？

中國文化比較含蓄，心中所想不一定會直白地說出來，而往往會有所寄託。諸葛亮的寄託，是兩個古人。《三國志》說諸葛亮「每自比於管仲、樂毅」。爲什麼自比管仲、樂毅呢？一般的解釋，管仲擅長治國理政，樂毅擅長行軍打仗，諸葛亮是在說自己文武兼備。這個解釋也沒有撓到癢處。要說治國理政，比管仲厲害的人太多了，比如周公、蕭何。比樂毅會打仗的也比比皆是，比如姜太公、韓信。那管仲、樂毅的特點到底是什麼呢？

管仲、樂毅都生活在天子式微、禮崩樂壞、諸侯割據的時代。管仲是齊國的政治家，他最大的歷史功績，在於尊王攘夷，也就是重新樹立天子的權威，重新建立天下的秩序。樂毅是一名燕國將領。當年齊王率領大軍討伐燕國，差點兒把燕國給滅了。齊國軍隊在燕國地盤上燒殺搶掠，無惡不作。後來樂毅率領燕軍復仇，打到齊國只剩兩個城市。所以管仲的特點是匡扶正義，樂毅的特點是反抗強暴。

聯結到諸葛亮，他所處的時代也是天子式微、禮崩樂壞、諸侯割據。諸葛亮也想匡扶正義，他要尊的王是大漢天子；諸葛亮也想反抗強暴，他要抗的暴是曹操。諸葛亮自比於管仲、樂毅，深意在此。

徐庶他們問諸葛亮：你能做多大的官？諸葛亮「笑而不言」，意思也在這裡。因爲諸葛亮的志向不在做官，所以笑而不言。就像有人問我：你一個月能掙多少錢？我也笑而不言。志向不在於此，不足與外人道也，沒辦法解釋，只好笑笑。

諸葛亮志在匡扶正義、反抗強暴，所以他對自己有非常高的要求，所以諸葛亮的人生境界，和滿足於做刺史太守的徐庶他們，是完全不一樣的。諸葛亮在〈出師表〉裡有兩句話，描述他隱居隆中的心態，說：「苟全性命於亂世，不求聞達於諸侯。」我生活在亂世，只想苟且保住自己的性命，從沒想過要讓諸侯知道我的大名。這兩句話，一句是眞話，一句是假話。

「苟全性命於亂世」，這是一句假話，是諸葛亮自謙的話。諸葛亮想要保全的，絕對不是性命，而是志向。在當時來講，諸葛亮無論投靠曹操、孫權還是劉表，都不可能實現他匡扶正義、反抗強暴的志向，所以乾脆隱居以全志。

「不求聞達於諸侯」，這是一句眞話。但是，這不是諸葛亮自謙的話，而是自負的話。諸葛亮如果眞的不求聞達，他爲什麼要出山幫助劉備呢？又爲什麼要以管仲、樂毅自比呢？諸葛亮不求聞達於「諸侯」，是因爲在他看來，當時割據一方的諸侯，都是亂臣賊子，沒有資格得到他的輔佐。諸葛亮想要聞達於天子，聞達於後世。所以，諸葛亮一直在等一個人，這個人可以讓他像管仲一樣匡扶正義，像樂毅一樣反抗強暴。如果等不來這個人，諸葛亮寧可終老於山野之中，也絕不會賣身求榮。

電視劇《三國演義》的插曲〈臥龍吟〉，我覺得對諸葛亮此時的心態描寫得非常到位：「躬耕從未忘憂國，誰知熱血在山林。鳳兮鳳兮思高舉，世亂時危久沉吟。」相比之下，有的人解讀諸葛亮隱居隆中，是在找一個投機的機會，因爲曹操此時帳下人才濟濟，諸葛亮過去不一定能得到重視、不一定能做大官，乾脆暫時處於觀望態勢，等著投資劉備這樣的潛力股。還有的人說，這是諸葛亮的一種自我推銷的策略，以隱居世外之態沽名釣譽，假裝一副名士的樣子勾引你上門請我，以此自抬身價。這些猜想，只能說，太不了解諸葛亮了，也太不了解中國文化了。

那麼，諸葛亮苦苦等候的這個人，會是誰呢？他什麼時候才會出現呢？

第六章

三顧茅廬

茅廬承三顧，促膝縱橫論。
半生遇知己，蟄人感興深。
明朝攜劍隨君去，羽扇綸巾赴征塵。

電視劇《三國演義》插曲《臥龍吟》

皇族血統，掩不住英雄本色

諸葛亮雖然隱居隆中，但是卻一直在等待一個機會，可以施展他的才華和抱負。那麼，究竟是誰給了他這個機會呢？這不用我賣關子了，三國的故事大家都很熟悉，這個人就是劉備。大家了解的劉備，是《三國演義》裡的劉備。這個劉備有兩大特點：第一，滿嘴仁義道德，卻沒有什麼本事；第二，淚腺特別發達，成天哭哭啼啼。所以民間有句歇後語，叫「劉備的江山——哭來的」。這個劉備，不是歷史上的劉備，諸葛亮是不可能把自己的前途託付給這樣一個人的。

那麼，歷史上的劉備，又是怎樣一個人呢？他有什麼與眾不同的地方呢？

劉備，字玄德，公元一六一年生於涿郡涿縣，也就是今天河北涿州，比諸葛亮大整二十歲。《三國志》記載，劉備是漢景帝的兒子中山靖王劉勝之後。有人說諸葛亮之所以輔佐劉備，就是看中了他是中山靖王的後代，有皇族血統。但這是沒有道理的。中山靖王劉勝，最大的特點就是喜好酒色，隔三差五生小孩，根據史書記載，他這輩子一共生了一百二十多個兒子，自己都認不過來（《漢書．景十三王傳》）。繁殖到東漢末年，保守估計，全國得有好幾千個「中山靖王之後」，你走在大街上隨便拍個人的肩膀，這個人可能回過頭來拱手一樂：在下中山靖王之後。所以劉備的皇室血統，一點都不值錢。劉備能成功，靠的是自己的本事。劉備與眾不同的地方，可以概括為三大特點：

第一，屢敗屢戰。

歷史上比劉備會打仗的人多了，比如西楚霸王項羽，攻無不克、戰無不勝，但是打了一個敗仗，臉上掛不住，無顏以見江東父老，就抹脖子自殺了。相比之下，劉備雖然打仗不行，但是心理素質明顯過硬。

《三國志．先主傳》記載，劉備在得到諸葛亮之前，打了十六次仗，我數了一下，七勝九負，勝率百分之四十。而且七次勝仗都是小勝，九次敗仗有四次大敗。什麼叫大敗呢？一次是跟別人打仗，打到手下都死完了，只剩劉備自己，還受了重傷，就躺在死人堆裡裝死，僥倖逃過一劫。還有三次，地盤被人搶走，軍隊被人消滅，老婆孩子兄弟被人俘虜，就他自個兒跑了。

劉備一輩子，專門跟曹操作對。《三國志》作者陳壽給劉備寫讚語的時候，說他「折而不撓，終不為下」，百折不撓，始終不肯屈服於曹操之下。曹操也很鬱悶，打劉備吧，跑得無影無蹤，找都找不著；打別人吧，劉備又不知道從哪兒鑽出來，在背後搗亂，搞得曹操心煩意亂。

為什麼別人打了敗仗，一蹶不振；劉備每次打完敗仗，都能夠迅速恢復元氣、捲土重來呢？這要歸結到他的第二個特點：能得人心。

漢末三國時代，能夠得人才的，首推曹操。曹操用人，不拘一格，手下猛將如雲謀士如雨。但是說到能得人心，能夠讓別人對他死心塌地的，劉備才是第一人。像關羽，被曹操俘虜了，身在曹營心在漢，千里走單騎也要跑回來投靠劉備。

為什麼劉備這麼能得人心呢？首先是劉備非常有魅力，讓人一見傾心，再也不移情別戀。這是天生的。劉備小時候家裡窮，沒錢念書。有個同學的爸爸，每次替他把學費交了。同學的媽不樂意了，說咱們跟劉備又不是一家人，你偶爾資助他一下沒關係，長久下去怎麼行呢？咱家也不富裕啊。同學的爸說：我也不明白，我就覺得劉備是一個「非常人也」，特別想資助他。

後來劉備想要組一支軍隊，「年少爭附之」，當地的年輕人爭先恐後投靠他。尤其是關羽和張飛兩個，都是心雄萬夫的狠角色，卻心甘情願一輩子給劉備當小弟。你說是劉備的武功比他們高呢，還是智商比他們高呢？都不是，靠的就是人格魅力。

劉備手下有了人，沒有啓動資金。這個時候，有兩個大商人來涿郡做生意。按說商人最理性了，精打細算、錙銖必較，絕不會做虧本的買賣。但是這兩個商人一看到劉備，「見而異之」，覺得這人不一樣，就心甘情願把自己掙的錢全掏出來贊助劉備，讓他打造兵器、購買馬匹。

所以說，劉備天生有魅力，這是他能得人心的先天優勢。從後天來講，劉備確實非常仁義。仁者愛人，劉備對人推心置腹。曾經有人雇了個刺客來刺殺劉備，這個刺客假裝來劉備家作客，想要伺機下手。劉備哪知道這人是刺客？給他端茶遞水、噓寒問暖、殷勤招待，簡直是賓至如歸。最後把這個刺客感動哭了，我出道幾十年，殺人不眨眼，第一次感受到家的溫暖。就把刺殺計畫全盤告訴了劉備，含著眼淚走了（《三國志‧先主傳》注引《魏書》）。這是劉備「仁」的表現。義就是仗義，像曹操搞徐州大屠殺，別人都不敢來救陶謙，劉備二話不說就來了，這是他仗義的表現。

毆打上司的一代梟雄

你別看劉備又仁愛，又仗義，還有魅力，就是個老好人，其實不然。劉備的第三個特點，也是歷史上的劉備和《三國演義》裡的劉備最大的區別，就是：一代梟雄。

什麼叫「梟雄」？梟，是一種惡鳥，一般認為就是貓頭鷹。古人為什麼認為貓頭鷹是惡鳥呢？他們認爲，老貓頭鷹生完小貓頭鷹以後，沒有力氣去捉老鼠餵孩子，就用嘴咬住樹枝，小貓頭鷹就啄食老貓頭鷹的身體，把它吃到只剩一個頭吊在那裡。你看「梟」字，就是一個鳥頭掛在木頭上。所以古代有一種刑罰叫「梟首」，就是把人頭砍下來，吊起來示衆。梟是惡鳥，梟雄就是惡鳥中的佼佼者，用《後漢書》注的說法，叫「惡鳥之強」。漢末三國，很多人都說劉備是梟雄，這不是褒義詞，是貶義詞。

劉備小時候，不是那種喜歡讀書的乖孩子，而是「喜狗馬、音樂、美衣服」，喜歡飛鷹走狗，喜歡聽搖滾、買衣服、拚名牌，典型的不良少年。而且他平時悶聲不響，喜怒不形於色，城府很深。但是一旦發作起來，非常嚇人。

《三國志》記載，劉備因爲鎭壓黃巾起義有功，在一個縣做小官。當時朝廷出了個政策，說地方上因爲軍功而封官的，一律裁員。爲什麼呢？可能考慮到靠打仗上來的，往往是大老粗，難以治理地方，所以要裁員。劉備就非常擔心，這一次的裁員名單有沒有我呀？這時候，郡裡面下來一個督郵，相當於我們今天做紀檢、監察工作的，負責主辦這個事情。劉備就想求見督郵，一來探探口風，要不要裁我；二來做做工作，能不能把我留下。簡單來講，就是想走後門。沒想到這個督郵秉公辦事，稱病不見。劉備就火了，這可是我的地盤，你居然不給面子！立刻帶了一群兄弟找上門來，把督郵捆了，揪著頭髮一路拖出衙門，綁在一棵樹上，當衆用棍子打了兩百下，打得這個督郵奄奄一息，連聲求饒，這才作罷。官也不當了，索性棄官逃跑。

《三國演義》搞了個移花接木，把這個故事安插在張飛頭上，變成了一個精彩的回目，叫「張翼德怒鞭督郵」，可能是覺得這麼凶暴的行事作風，不符合劉備一貫的形象。實際上，這事兒是劉備幹的，這才是一代梟雄，歷史上眞實的劉備。

同等段位，才能互相欣賞

劉備從黃巾起義出道以來，在中原摸爬滾打十七年之久。這十七年，中原形勢可以用三條線來表示：

第一條線向上，這表示曹操，曹操的實力越來越強，成爲中原第一霸主。

第二條線向下，表示其他軍閥，一個接一個地完蛋了，北方趨向統一。

第三條線是平的，指的是劉備。十七年來，劉備一直在混戰，實力一點沒增強，別人也打不死他。隨著曹操迅速崛起、群雄一一滅亡，公元二〇一年，劉備在中原地區終於混不下去了，跑到荊州投奔劉表。

荊州是個好地方，和戰火連天、餓殍滿地的中原比起來，簡直就是人間天堂。劉備以前每天都是槍林彈雨，把腦袋別在褲腰帶上拚命，現在到了荊州，按理應該享享清福了。但是劉備在荊州，過得很痛苦。有一個故事能說明問題。

《三國志》注引《九州春秋》，說劉備在荊州待了幾年，有一天和劉表一起喝酒吃飯。吃了一半，劉備出來上廁所。正蹲著方便的時候，劉備發現一件事情，讓他觸目驚心，淚流滿面。什麼事情呢？「髀裡肉生」。髀，就是大腿。劉備看到自己大腿上長了很多肥肉，心裡非常痛苦，就哭了。

劉備哭完以後，回到宴席上，繼續吃。劉表一看不對，劉備臉上帶有淚痕，眼睛還紅著，剛才哭過。就問他：你爲什麼哭呀？是不是我這飯菜太難吃了，讓你吃到哭了？劉備說：不是。我剛才上廁所，發現大腿上全是肉。劉表說：好事情啊，男人中年發福，再正常不過了。你又不是女生，又不用減肥，有什麼好哭的？劉備說：我以前每天打仗，一天大多數時間都在馬上，所以大腿上全是肌肉，很結實，沒有多餘的肥肉。現在好幾年沒騎馬了，肥肉都出來了。「日月若馳，老將至矣，而功業不建，是以悲耳」，日子一天一天過去，我都快五十歲的人了，還沒有建功立業，所以想起來很難受。這就是劉備，因爲髀裡肉生就能「慨然流涕」的一代梟雄。

一代梟雄劉備的心情，劉表這種沒有追求的人是不會懂的，完全不在一個段位上。誰能懂呢？諸葛亮。

改變歷史的會面

諸葛亮在隆中隱居十年，其實心裡也同樣著急。他在《誡子書》中曾經吐露過當年的心境：「年與時馳，意與日去，……悲守窮廬，將復何及？」年華在虛度，意志在消磨，空守著茅廬，我能幹什麼？和劉備說的話，無論措辭還是心情，都非常相似，這就叫英雄所見略同。

其實說起來，當時劉備駐守新野，在荊州的北邊，河南南陽境內，距離諸葛亮

今三顧堂為清康熙年間重修，因紀念劉備三顧諸葛亮而建。門前三株古柏，象徵劉、關、張三顧茅廬時的拴馬樁。

隱居的隆中非常近，今天開車一個多小時就到了。但是「有緣千里來相會，無緣對面不相識」。劉備已經從河北涿州，轉戰半個中國，千里迢迢跑到荊州來了，卻還缺少一個緣分，讓他們倆相遇。這時候，有兩個人扮演了月老的角色，千里因緣一線牽。

第一個人，是司馬徽，也就是諸葛亮的老師。

劉備在荊州，並沒有閒著，他在到處訪求人才。司馬徽是荊州的名人，劉備當然也來請教他。但是司馬徽一心隱居，不想出山。他說：我是一個「儒生俗士」，又是書呆子，又是俗人，哪懂天下大事？「識時務者在乎俊傑」，只有俊傑才能幫你。這裡有個臥龍、鳳雛，他們倆才是你要找的人。劉備覺得很好奇：您說的臥龍鳳雛都誰啊？司馬徽回答：臥龍是諸葛亮，鳳雛是龐統（《三國志．諸葛亮傳》注引《襄陽記》）。這是劉備第一次聽到諸葛亮的大名。

第二個人，是徐庶，也就是諸葛亮的朋友。

徐庶非常看好劉備，早就來投奔了。劉備對徐庶非常器重，覺得你怎麼這麼厲害？相見恨晚啊。徐庶說：我還不算厲害的，眞正厲害的人您還沒見過呢。劉備問：那誰是眞正厲害的人？徐庶說：諸葛孔明，人稱臥龍，你想不想見一下？劉備這才想起來，上次聽司馬徽提過，當時沒放在心上；既然徐庶你也這麼推崇諸葛亮，那麻煩你帶他來見我。徐庶說：這個人，只能你去見他，不能他來見你。「將軍宜枉駕顧之」，請你親自登門拜訪。劉備一聽，二話不說，親自跑到隆中諸葛亮的草廬，前後一共跑了三趟，才算見上面。這就是歷史上著名的「三顧茅廬」。

第一次，諸葛亮二十七歲，漫漫人生已經過半。

第二次，劉備四十七歲，兩鬢斑白、寄人籬下、一事無成。

第三次，曹操五十三歲，剛剛統一北方，即將揮師南下。

就在曹操躊躇滿志，打算統一天下的時候，他絕對料想不到，在南方一座草廬之中，一個他眼中的失敗者和一個無名小卒的相會，使得本來已經毫無懸念的歷史走向，又將再起波瀾。二〇一四年七月，我到襄陽隆中尋訪古跡，在諸葛草廬之中重讀〈諸葛亮傳〉。掩卷之餘，情不自禁引用李太白和秦少游的四句詩詞，來追想這段令人神往的故事：

魚水三顧合，
風雲四海生；
金風玉露一相逢，
便勝卻人間無數！

不爲人臣，但爲帝王師

講到這裡，大家可能有兩個問題：

第一，諸葛亮爲什麼選擇劉備？

首先，諸葛亮對劉備印象很好。當年曹操搞徐州大屠殺，逼得諸葛亮背井離鄉，只有劉備敢來抵抗曹操。諸葛亮一見劉備的面，也說「將軍信義著於四海」，仁義一直都是劉備的一塊金字招牌，「顚沛必於是，造次必於是」，不管多麼顚沛流離，老婆孩子可以丟，仁義絕對不會丟。這是諸葛亮選擇劉備的第一個原因。

其次，劉備以皇族自居，奉漢獻帝的衣帶詔討伐曹操。這和諸葛亮匡扶正義、反抗強暴的志向不謀而合，所以諸葛亮選擇劉備。

那麼第二個問題來了：既然諸葛亮選擇劉備，爲什麼不主動去找劉備，而要等劉備來請他呢？

諸葛亮在表明自己的一個態度：他想要做的，不是劉備的臣，而是劉備的師。什麼叫臣？臣在甲骨文裡面，寫成一隻豎著的眼睛，表示低眉順目，是奴隸的意思。臣對君主，是單方面的服從關係。什麼叫師？師，又叫大臣，服從的對象不是君，而是道。《論語》上說：「所謂大臣者，以道事君，不可則止。」大臣用道義來爲君主做事，如果君主站在了道義的對立面，那就停止對君主的效忠。這叫「從道不從君」（《荀子．臣道》）。

做帝王師，這才是儒家的最高政治理想，也是諸葛亮的最高理想。諸葛亮既然以「帝王師」自居，當然就要等劉備上門來請。《禮記》有云：「禮聞來學，不聞往教。」從禮法上講，只有學生主動找老師來請教的，沒有老師主動出擊，全世界逮學生來教的。所以，只有劉備三請諸葛亮，沒有諸葛亮找劉備的道理。這才是「三顧茅廬」的眞義。

那麼，劉備三顧茅廬來請教，諸葛亮教了他什麼？歷史的發展，又將因此發生怎樣的變化？

明代襄王朱見淑墓。《襄陽府志》載：「朱見淑見諸葛草廬風水好，遂毀草廬而為自己營造陵寢。明末張獻忠起義，盜掘其墓，今僅剩土墳。而諸葛草廬，卻世代重修，相沿弗替。」

第七章 隆中對

先取荊州後取川，
大展經綸補天手；
縱橫舌上鼓風雷，
談笑胸中換星斗。

《三國演義》第三十八回

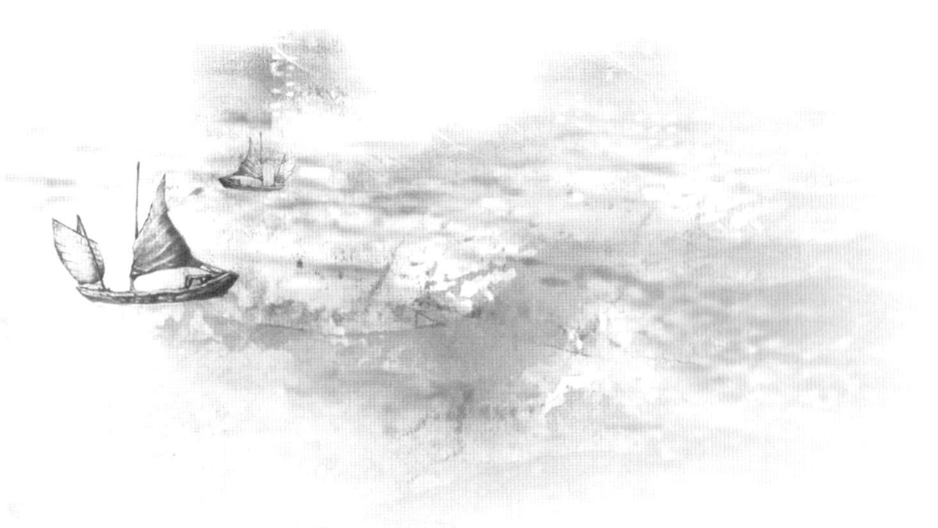

羽扇綸巾，彰顯出處之道

劉備三顧茅廬，終於見到了諸葛亮。讓我們隨著劉備的目光，一起看一看故事的主人公、初出茅廬的諸葛亮到底長什麼樣。

《三國志》記載，諸葛亮「身長八尺，容貌甚偉」，身高一米八以上，長得非常有男子漢氣概，典型的山東大漢。《三國演義》說諸葛亮「羽扇綸巾」，手拿鵝毛扇，頭戴青絲頭巾。這個描寫是不是眞的呢？有人說，這是小說家虛構的。因爲《三國演義》是明朝的小說，而宋朝蘇東坡寫了一首詞，描寫周瑜，說「遙想公瑾當年，小喬初嫁了，雄姿英發，羽扇綸巾」。所以羽扇綸巾應該是周瑜的打扮。但這也是個誤解，因爲他沒有找到更早的出處。晉朝人裴啓的《語林》和南朝人殷芸的《小說》都記載了一個故事，說司馬懿和諸葛亮打仗，司馬懿知道諸葛亮厲害，第一次和這麼高的高手過招，非常緊張，頂盔貫甲穿防彈衣，全副武裝。還不放心，就派個小兵去看看諸葛亮什麼情況。小兵回來報告：大將軍您太丟人了，人家諸葛亮「乘素輿，葛巾，白羽扇」，坐在一輛非常簡樸的小車上，頭上隨便紮了一塊頭巾，手裡拿著一把白羽扇，「指揮三軍，隨其進止」，扇子往哪指，三軍將士就往哪走，比遙控器還好用。反觀大將軍您，穿得跟個粽子似的，我們都替您感到丟臉。司馬懿聽了，非常慚愧，一聲感嘆：「眞名士也！」我只是一個軍人，諸葛亮才是眞正的名士風範！所以「羽扇綸巾」符合歷史上諸葛亮的穿著打扮。

我爲什麼這麼強調諸葛亮穿什麼呢？因爲中國傳統禮法文化，講究「衣冠文物」、「輿服制度」。穿著打扮，反映了政治上的大問題。

比如，秦朝末年，有個儒生叫叔孫通，很有學問。他穿著一身儒服，寬袍大袖、峨冠博帶，跑去投奔劉邦，想在劉邦手下混口飯吃。劉邦一見叔孫通這身打扮，很不高興。因爲劉邦本人沒文化，是個大老粗，所以他最討厭文化人。一看你穿一身儒服過來，就很抵觸。叔孫通這個人最會察言觀色，偷眼一瞧，領導不高興，回去趕緊把儒服脫了，換成一身莊稼漢的短打扮，再去見劉邦，劉邦這一次心裡舒坦了，把他留下來了。所以叔孫通對

諸葛亮像，相傳出自元代趙孟頫的手筆。畫中的諸葛亮坐於榻上，手持如意，意態瀟灑，一派名士風範。

自己的定位，不是帝王師，不是大臣，而是奴才。皇上您喜歡看什麼，我就穿什麼，不要說穿短袖了，您要眞喜歡，我穿刀子都行。這種儒生，就是有文化的奴才，他們爲虎作倀，是中國古代君主專制集權的罪魁禍首。

諸葛亮不是這樣的。諸葛亮穿「羽扇綸巾」，這說明什麼問題呢？羽扇綸巾，是隱士的穿著。你出來做官，按理應該穿官服。諸葛亮爲官幾十年，卻一直穿著他當年隱居時候的羽扇綸巾，這符合中國傳統政治文化的「出處之道」。

所謂「出處之道」，就是說：無論隱居還是出仕，都要符合道義。《菜根譚》有兩句話，說得非常好：「處林泉之下，須要懷廊廟的經綸」，你隱居在山林之中，要關心朝廷大事、天下興亡，你肚子裡要有經邦濟世的實用之學；「居軒冕之中，不可無山林的氣味」，軒，就是你做官以後坐的公車；冕，就是你戴的官帽。你做官了，不要把自己搞得太俗，一副官腔。你要有一點「山林的氣味」，有一種脫俗之態、飄逸之氣。諸葛亮隱居隆中的時候憂國憂民，出山做官以後羽扇綸巾，就是這種「出處之道」的表現。這也是中國傳統政治文化中非常可貴的表現。

權道，政治智慧的最高境界

劉備終於見到了這位身高八尺、容貌甚偉、羽扇綸巾的諸葛亮。劉備讓自己手下的人全都退下，草廬之中只剩下他們兩個人相對而坐。劉備問諸葛亮：我出道也有二十幾年了，本來的想法是要逐鹿中原，結果這麼多年一直在中原被別人追逐。現在我都四十七了，一事無成，請問我該怎麼辦？

劉備這個問題，引出了諸葛亮非常精彩的一個回答，這個回答記載在《三國志．諸葛亮傳》裡，因爲回答的地點是在隆中的草廬，所以史稱〈隆中對〉，又叫〈草廬對〉。

成都武侯祠掛了一副對聯：「兩表酬三顧，一對足千秋。」說的是諸葛亮平生有三篇

隆中「三顧茅廬」的紀事石雕。諸葛撫琴，劉備賞音。照片拍攝時恰好一隻蝴蝶靈犀一點，棲於武侯手上。

大文章，「兩表」就是前後〈出師表〉，諸葛亮用前後〈出師表〉報答了劉備三顧茅廬的知遇之恩，這叫「兩表酬三顧」；「一對」，就是隆中對，「一對足千秋」，哪怕諸葛亮這輩子沒幹別的，一篇〈隆中對〉就足以讓他名垂千古。事實上也是如此。劉備聽〈隆中對〉之前，一事無成；聽完〈隆中對〉，恍然大悟茅塞頓開，從此以後順風順水，無往而不利。那麼，〈隆中對〉爲什麼會有這麼神奇的效果？〈隆中對〉到底教會了劉備什麼呢？

〈隆中對〉教會了劉備兩項政治領袖必備的基本素質。

第一個素質：權道。

什麼叫權道？中國傳統政治文化，講究「道」，道又分爲經和權。經是道的常態，是不變的部分；權是道的非常態，是變化的部分。所以古人說：「權者，反常而合於道者也。」（《論語義疏》）在形式上好像一反常態，但結果符合道義，這就叫權。說得太抽象，我們舉一個具體例子。

《孟子》記載，有個叫淳于髡的人，特別喜歡抬槓，有一天來找孟子，說：你們儒家講究男女授受不親，有這麼回事嗎？孟子說：沒錯，這是一條基本的禮儀規範。淳于髡說：那如果你嫂子掉河裡了，你會袖手旁觀，還是伸手拉她一把？這是一個兩難問題，你伸手去拉她，那就違反了男女授受不親的原則；你袖手旁觀，那就置人命於不顧。孟子怎麼回答的呢？他說：我當然要伸手去拉她。見死不救，是禽獸。男女授受不親，是一個原則，是經；我伸手救人，這是一個例外，是權。有原則必有例外。所以說規則本身並不是必須遵守，規則背後的道理才是最重要的。只要懂了法律背後的法理，普通情況下，守經；特殊情況下，用權。這就是權道。

孔子認爲「權道」是最高境界，他說：「可與共學，未可與適道；可與適道，未可與立；可與立，未可與權。」有的人可以一起學習，但是大家各學各的，不能追求同樣的目標；有的人層次高一點兒，可以和你一起追求「道」，但是未必可以到達「道」的位置，立不住；更高層次的人可以和你一起立在「道」的層次，但是這種人太死板、太方正，不懂得變通，不會行權道。由此可見，「權」在孔子心目中至高無上的位置。

權道是中國傳統政治文化的最高境界，一般人用不來。因爲一般人只能夠看到一個表面的經，表面的規則，看不到背後的道理，更談不上用權。如果你看不到背後的道理，你也說我要用權，我要打破原則我要搞例外，那就不是權道了，就變成權術、變成權謀詭計了，這是非常危險的。

劉備不懂權道。劉備只知道，我要中原逐鹿，我要打敗曹操，我要匡扶漢室，不懂得拐彎。所以十幾年來一直在跟曹操作對，打又打不過，一事無成。諸葛亮就告訴他：你暫時不要和曹操打。曹操「挾天子而令諸侯」，手上有天子這張王牌，你有嗎？手下有「百萬之眾」，你行嗎？兩樣都沒有，你憑什麼跟曹操鬥呢？所以，「此誠不可與爭鋒」，曹操鋒頭正盛，你不要去惹他。

劉備一聽，非常奇怪——我這輩子，反對的就是曹操。你不讓我跟曹操鬥，那我跟誰鬥呢？江東有個孫權，實力也挺強，要不我去打孫權？

諸葛亮說：你這人怎麼就不開竅呢？人家都是柿子揀軟的捏，你怎麼看誰強你就打誰呀？孫權，從他老爸孫堅開始就在江東奮鬥，到他哥孫策，再到他，已經是第三代領導人了，實力雄厚。「此可以爲援而不可圖也」，我們要把孫權變成幫手，而不能變成對手。

劉備一聽，更納悶了：曹操也不能惹，孫權也打不得，那我怎麼辦呀？

這個時候，諸葛亮才給劉備指了一條明路：你混到現在一直在失敗，根本原因就在於你的眼睛只盯著中原，所以路越走越窄，天底下沒有容身之處。其實你回頭看一下，退一步海闊天空。北方，曹操占完了。南方分爲三個部分，東部的揚州被孫權占了，現在還有中部的荊州和西部的益州。荊州居天下之正中，四通八達，而荊州的主人劉表不思進取，「將軍豈有意乎」？劉將軍您對荊州難道就沒有想法嗎？益州是天府之國，沃野千里，想當年漢高祖劉邦就是以益州發家，奪取了天下。現在益州的主人劉璋也是個窩囊廢，比劉表還不如。兩塊餡餅放在那兒，只等將軍您去吃。所以我建議你，先取荊州、益州做爲根據地，再回過頭來討伐曹操。走一個迂迴的戰術，這就叫權道。這是〈隆中對〉教給劉備的第一項素質。

走一步想十步，才是大國手所爲

第二個素質：大局觀。

什麼叫大局觀？在空間上，你不能只盯著巴掌大的一塊地方，要放眼天下，全國一盤棋；時間上，你不要只盯著眼前，只有短期目標，還要想到十年計畫是什麼，二十年計畫是什麼，百年大計又是什麼。做爲一個部下，可以只盯著眼前，但是做爲一個政治領袖，必須要有大局觀。

劉備最缺的，就是大局觀。

劉備以前打仗，只想著我要匡扶漢室，至於你怎麼樣去反對曹操，怎麼樣去匡扶漢室，怎麼樣從無到有、從小到大，一點一點把自己做大，劉備腦子裡只有一團亂麻，沒有一條清晰的思路。所以今天陶謙找你幫忙，你就去徐州；明天呂布把你的徐州搶了，你就逃跑；今天劉表請你來荊州，你就來荊州；明天曹操要是把荊州占了，你怎麼辦呢？完全沒有想過，只知道蹲在廁所裡看著大腿長肉流眼淚。

如果比喻成下棋，劉備是棋藝差卻硬要下，走一步看一步；諸葛亮是大國手，走一步想十步。走一步看一步，就沒有大局觀，只知道占小便宜，這裡有個小卒子可以吃，我趕緊先吃了，至於吃了以後對我有利有害，根本想不過來，腦子裡一團亂麻。走一步想十步，就有完整的思路，知道什麼便宜可以占，什麼便宜不能占，必要的時候還可以放棄已有的利益，棄車保帥，以小搏大。

〈隆中對〉從大局觀出發，為劉備制定了完整的四步走戰略：

第一步，占領劉表的荊州，控制長江中游。

第二步，占領劉璋的益州，控制長江上游。

第三步，內修法制，外合孫權，把整個長江流域聯合起來，以南方對抗北方。

第四步，等待曹操政權出現內部矛盾，你就派一員大將從中路的荊州北伐，你自己率領大軍從西路的益州北伐，同時聯絡孫權從東路的揚州北伐，三路出擊，消滅曹魏，到那個時候，「霸業可成，漢室可興」。

一語點醒夢中人。劉備聽了這番話，恍然大悟：敢情我這大半輩子出生入死，自己還覺得挺有奮鬥感，實際上完全是一場白忙。現在得到高人指點，思路一下子就清晰了。什麼叫聽君一席話、勝讀十年書？〈隆中對〉就能起這個效果。

再見，青春；再見，自由

聽完〈隆中對〉以後的劉備，脫胎換骨，從一個三流的小軍閥，成長為一代政治領袖。他當時就鐵了心，邀請諸葛亮出山相助。

到這個時候，諸葛亮感到時機已經成熟，接受了劉備的邀請。這個行為，拿今天的民法理論來講，劉備發出了一個「要約」，諸葛亮給出了一個「承諾」。這個承諾分量是非常重的，這意味著諸葛亮以前躬耕隴畝、抱膝長嘯的逍遙生涯已經一去不復返，從此以後只有責任，再無自由。為了報答劉備的知遇之恩，也為了實現自己心中的理想，二十七歲的諸葛亮，將會用他剩下的二十七年人生鞠躬盡瘁，死而後已。

《三國演義》描寫諸葛亮離開隆中之前，專門交代弟弟諸葛均，讓他繼續躬耕，不要讓田地荒蕪，等我功成之日，我還要回到這裡隱居。事實上，諸葛亮這一走，再也沒能回到隆中。這段描寫，更加增添了諸葛亮的悲劇色彩。

劉備請諸葛亮出山以後，兩個人關係特別好，《三國志》說他們「情好日密」，這就引起了關羽、張飛的不滿。劉關張兄弟三人，以前是共同創業的合夥人，關係特別親。現在插進來一個諸葛亮，眼瞅著大哥跟他好了，不理咱們了，關羽、張飛一肚子羨慕嫉妒恨，難免會鬧情緒。劉備就開導他們，說你們倆不要不高興。我劉備以前就好像一條大魚，想要興風作浪，但是沒有水，只好乾枯等死。現在我得到了諸葛亮，如魚得水，從此以後海闊憑魚躍、天空任鳥飛，咱們的事業要蒸蒸日上。「如魚得水」這個典故，就是打這兒來的。

轉過年來，到了公元二〇八年，曹操統一北方，率領大軍南下，想要一口氣統一天下。就在這個節骨眼上，荊州牧劉表病死。劉表的小兒子劉琮，在文武大臣的勸說之下，舉白旗投降。

劉備一看，情況不妙，什麼〈隆中對〉、什麼四步走，都顧不上了，又使出了他的看家本領——逃跑。曹操不費一兵一卒，占領了荊州。但是曹操非常清楚，我真正的對手不是老糊塗的劉表，也不是乳臭未乾的劉琮，而是那個打不死的小強——劉備。所以曹操進了襄陽城，第一件事情，就是派出五千精兵，全部騎上最好的戰馬，裝備最精良的武器，馬不停蹄追殺劉備，務必活要見人、死要見屍。

腳下沒有立錐之地，身後還有五千追兵，手裡又沒有一支像樣的軍隊，全是老弱病殘孕。不要說實現〈隆中對〉的宏圖大志，就算保全性命都非常困難。諸葛亮剛剛出山，就面臨著這樣一個不可能完成的任務。後來諸葛亮在〈出師表〉裡回憶往昔的崢嶸歲月，說了這麼兩句話：「受任於敗軍之際，奉命於危難之間」，一點都不誇張。

那麼，初出茅廬的諸葛亮，面對曹操帶來的第一個嚴峻考驗，將會如何完成這個不可能的任務呢？

第八章

立國之道

夫濟大事，必以人為本。今人歸吾，吾何忍棄去？

蜀漢 劉備

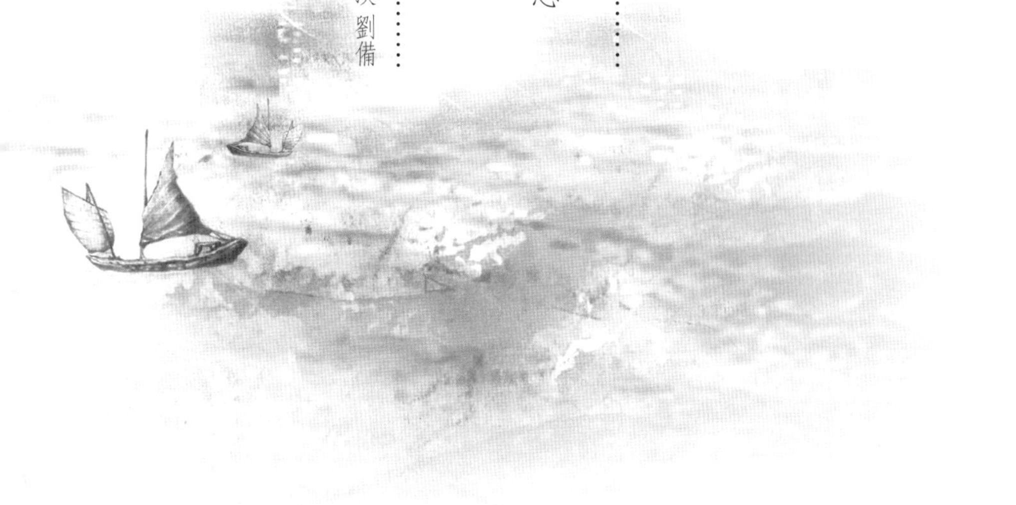

劉表死了，好戲開場

如果我現身在公元二〇八年的襄陽，對於那種富庶繁華下隱沒的動盪，大概是比較驚人心魄的。

襄陽地處水陸之要衝，自一九〇年以來，便爲劉表所有。劉表花了大力氣，將此地改造成荊州州政府的所在地，十餘年未動刀兵，繁華甲於天下。但如今不同了，形勢已經不容此地偏安。

八年前，官渡之戰爆發。中原實力最強大的兩個軍閥——袁紹和曹操展開最後的決戰，曹操以弱敵強，全面勝出。八年過去了，曹操已經掃清了袁紹的殘餘勢力，統一了北方，現在該輪到南方了。當時的南方有三個軍閥，分別是長江上游益州的劉璋、長江中游荊州的劉表、長江下游揚州的孫權。

先拿誰開刀呢？

曹操瞇著眼睛，打量地圖：劉璋是劉焉的兒子，孫權是孫堅的兒子，對於曹操來講，都是小兒輩。同時出道的英雄豪傑，袁紹、袁術、呂布、孫堅，都已經死了，如今夠格做我對手的，恐怕只有老相識劉表了吧！曹操決定揮師南下，兵鋒直指荊州的首府襄陽。

襄陽的百姓，只感覺要變天了。

襄陽的天，現在還是劉表。這位荊州諸郡的總首領、漢末最有文化的軍閥、曹操此時唯一看得上眼的對手，正靜靜地躺在病榻之上，恭候死神的眷顧。

劉表並不是不曾有過機會。官渡之戰剛打完，曹操遠離大本營，北出邊塞掃清袁紹的殘餘勢力。當時，劉備曾經建議劉表偷襲曹操的大後方。劉表思忖再三，覺得這樣冒險的舉動吉凶難卜，但一定會打破現在的歲月靜好，所以沒有採納。也許劉表當時也心存僥倖，希望曹操、袁紹可以拚個兩敗俱傷，自己再出面坐收漁翁之

襄陽城東南角的仲宣樓，漢末建安七子之一的王粲（字仲宣）曾在此登樓北望，寫下名篇《登樓賦》：「步棲遲以徙倚兮，白日忽其將匿；風蕭瑟而並興兮，天慘慘而無色。」恰足反映赤壁之戰前夕，荊州士人懷戀故土、彷徨無歸的心境。

利吧！遺憾的是，事情完全沒有朝著他想像的方向發展。事後劉表後悔萬分，對劉備說：可惜我當年沒有聽取你的意見，丟失了這麼好的機會！劉備寬慰道：「今天下分裂，日尋干戈，事會之來，豈有終極乎？若能應之於後者，則此未足爲恨也。」——下次還會有機會的。

眞的還有機會嗎？

劉備今年才四十八歲，他還有機會；曹操今年也才五十四歲，他也有機會。劉表呢？世人都非議劉表在亂世之中坐觀成敗、不思進取，其實年齡是一個重要的因素。曹操在六十歲以後，也曾經發出「人苦不知足，既得隴復望蜀」的慨嘆；劉表在五十歲前後，也曾經上演過單騎入宜城的好戲，也曾經動用霹靂手段幹掉了盤踞荊州的一群土皇帝，從而坐穩了荊州牧的位置。

曾經意氣風發，而今只剩老眼昏花。

在劉表病榻之前立著的幾位，可能是妻子蔡氏，小子劉琮——或者在屏風外面還有蔡瑁、張允等人。這些人，這些日子一直盯著自己，餓狼似的眼睛又凶又怯，閃閃地像鬼火。就在這樣鬼火的縈繞裡，一會兒是曹操南下的凶信，一會兒是荊州各地的公報，紛紛沓沓，煩不勝煩。劉表不耐煩地又一揮手，目示蔡瑁全權代辦，然後便見蔡瑁隱著欣喜的眼神，倉皇而鄭重地出去。劉表看在眼裡，卻突發奇想：要是只這一揮手，便再沒有人打擾，那該有多好！於是他模糊地望著床邊盡了全力嘗試著揮出手去……

公元二〇八年八月，劉表病死。劉表的小兒子劉琮，在左右文武的慫恿之下，向曹操獻上降書降表，荊州易幟。

百折不撓的劉備，終於遭遇一生最大的危機，成爲了歷史驚濤駭浪之中的一葉孤舟。好戲開場。

趁人之危，非成大事者所爲

在今天的襄陽古城北門外，有條清亮的大河，就是漢水；漢水北岸與襄陽隔河對望的，就是樊城。劉琮率領整個荊州投降曹操的時候，劉備就駐紮在樊

在漢水南岸遠眺，一水之隔就是樊城。一千八百年前，劉備、諸葛亮從對岸渡河而來，路經襄陽城下。彼時風雲變色，而劉備依然不改英雄本色。

城。現在，北邊是統率數十萬大軍南下的曹操，南邊是望風披靡的劉琮，夾在中間的劉備，地位非常尷尬。

滄海橫流，方顯英雄本色。考察一個君子的最佳時機是什麼？第一，看他在危難關頭，如何抉擇；第二，看他在危難關頭，面對誘惑，如何抉擇。劉備遭遇了一生中最大的危機，巨大的誘惑也接踵而至。

第一個誘惑，來自劉表臨終之前。

根據《三國志．先主傳》注引《魏書》的記載，劉表臨死之前，把劉備叫到跟前，交代後事。他說：我的幾個兒子都隨我，沒有一個像樣的，都是廢物。咱倆都是姓劉的，都是漢室宗親，肥水不流外人田。我死了以後呢，你來做荊州刺史，接管荊州，不知賢弟意下如何？

趁人之危，非成大事者所為。劉備素以仁義著稱，所以他趕緊拒絕：我看您的幾位公子都很優秀，您就別多想了，洗洗睡吧，安心養您的病。

劉表病死，他的小兒子劉琮即位。劉琮是個什麼樣的人？曹操有個著名的比喻專門說劉琮，他說：「生子當如孫仲謀」，孫仲謀就是孫權，曹操說生兒子就要生個像孫權這樣的英雄豪傑，孫權就是漢末三國的「國民兒子」。曹操接著說：「劉景升兒子，若豚犬耳！」劉景升，就是劉表。劉表的兒子，簡直就是一群「豚犬」。豚是豬，犬是狗，曹操是用文言文罵的，聽上去比較文雅，用今天話講就是「豬狗」。劉琮左手接過了劉表的江山社稷，右手就把它拱手讓人，沒有進行任何抵抗就投降了曹操，所以曹操看不起他，罵他是豚犬。

曹操率領大軍南下，劉備一看，劉琮都投降了，我也別愣著了，趕緊跑吧。就率領手下一路往南逃跑。當時劉備駐紮在樊城，渡過漢水就到了襄陽，也就是荊州的首府。路過襄陽的時候，諸葛亮出了一個計策，他說：劉琮已經投降曹操了，現在肯定沒有防備。我們可以搞個突然襲擊，把襄陽拿下，占領荊州，做為抗擊曹操的根據地。

這個建議，對劉備來說，是第二個巨大的誘惑，又一次占領荊州的寶貴時機。但劉備的態度，仍然是拒絕。劉備說：劉表臨死之前把荊州託付給我，所以占領荊州、欺人孤兒之事，「吾不忍也」，我不忍心做這種背信棄義的事情。

以上的兩次誘惑，我們可以略作分析，看看劉備的抉擇是否明智，是否合乎道義。

第一個關節點，劉表託孤，讓劉備接管荊州，劉備應該答應嗎？

答案是否定的。

於公，荊州是漢朝的領土，荊州刺史是國家公職，公權力的轉讓要經過法定程式，不能私相授受。劉表本人雖然是荊州牧，但他也沒有權力把荊州私自讓給劉備。如果劉備擅自接手荊州，那麼他的荊州刺史一職沒有任何合法性可言，他就成了與曹操一樣的亂臣賊子，也喪失了對抗曹操的最大資本。

於私，劉表死後，第一順位的繼承人是他的兒子，輪不到劉備。劉備如果接受劉表的囑託，接管荊州，首先劉表的兒子們就會不服，劉表的老部下也會不服，曹操還沒有打到，內部矛盾就已經爆發了。得了土地，失了人心，那麼土地最終也不可能保住。所以劉備不應該接管荊州。

第二個關鍵點，諸葛亮勸劉備攻占荊州，是背信棄義的表現嗎？

有人說，劉表當年把荊州給你，你不要，現在劉表死了，你又去攻占荊州，這當然是背信棄義。問題沒有這麼簡單。劉表讓劉備接管荊州，目的是什麼呢？他不想讓自己打下的大好江山敗在子孫的手上。結果劉表一死，劉琮就投降了。

《論語》有云：「父在觀其志，父沒觀其行。三年無改於父之道，可謂孝矣。」父親去世了，做兒子的能夠繼承父親的事業，在三年之內不改變父親的遺願，那就是一個孝子。劉琮呢？父親屍骨未寒，他就投降曹操，連曹操都罵他是豚犬，典型的不孝子。劉琮已經背棄了劉表的「父志」，所以到這個時候，要實現劉表的遺願、保住荊州，唯一的辦法就是攻占襄陽、挾持劉琮，以荊州爲根據地反抗曹操。偷襲劉琮、占領荊州，無論以道義還是智慧來考量，都是正確的選擇。

劉備不忍心占領荊州，是憑著他的良心做的決定；諸葛亮勸劉備攻占荊州，是對其中紛繁複雜的利害關係、政治倫理進行精確分析以後作出的理性判斷。劉備的決定符合個人的品德，是一種修身齊家的小德；諸葛亮的判斷才符合政治家的德行，是治國平天下的大德。這才是「立國之道」對一個政治領袖的要求。

濟大事，必以人爲本

劉備拒絕了諸葛亮的計策，但是他沒有馬上逃跑，而是停在襄陽城下，朝著城樓上大聲呼喊：劉琮在哪裡？讓他出來跟我對話，我要當面問問他，爲什麼捨棄祖宗基業？爲什麼投降曹操？

這幾句話一問，劉琮哪還敢出來？躲在城樓裡面，一動不動。劉琮的手下一看，一個英雄，一個狗熊，對比太明顯了，我們要棄暗投明！全都跑出來追隨劉備。

老百姓也在琢磨：聽說曹操是個殺人魔王，以前打徐州的時候搞大屠殺，殺了幾十萬人。現在到荊州來，說不定一時興起，又要殺人。你劉琮投降曹操，可以高官厚祿；我們平頭老百姓，只會殃及池魚，所以還不如跟著劉備跑呢。呼啦一下子，湧出來好幾萬人，都跟著劉備：您上哪兒，我們上哪兒，我們這輩子上刀山下油鍋，跟定你了！

劉備喊了半天，沒見到劉琮，倒是出來一大群官員和百姓，跟在馬前不肯離去。我劉備如今一無所有，你們情願與我一起流離失所、淪落天涯，我又何忍相棄呢？於是帶著官員百姓一起走。

走到襄陽城郊，劉表的墳墓映入眼簾。墓土未乾，屍骨未寒，而荊州卻已轉屬他姓矣！劉備一念及此，感慨萬千，情不自禁下馬痛哭：我劉備沒能夠幫你守住荊州，對不起你。

老百姓一看，劉備仁義，我們果然沒跟錯人。一傳十、十傳百，一路上跟上來的老百姓越來越多，拖兒帶女、攜家帶口，你挑著擔、我牽著馬，緊跟劉備，不知路在何方。跑到湖北當陽的時候，追隨劉備的老百姓已經有十幾萬人之多，所以走得特別慢，一天只能走十幾里路。另一方面，曹操占領襄陽，得知劉備往南跑了。曹操當機立斷，派五千精銳騎兵，一天一夜急行軍三百里追殺劉備，務必活要見人、死要見屍。

劉備方面得到消息，就有人勸劉備：主公，照咱們這個速度，磨磨蹭蹭，一天走不了幾里地，這得走到什麼時候去？不如丟下老百姓，咱們先跑，占領城池，再對抗曹操，從而拯救更多的老百姓。

劉備不假思索，一口拒絕。他說：「夫濟大事必以人爲本。今人歸吾，吾何忍棄去？」做大事，要「以人爲本」，如今老百姓都來投靠我，把我當靠山，我怎麼忍心拋下他們，一個人逃走呢？堅決不同意。這就是「以人爲本」的最早出處。

「以人爲本」在今天已經成爲重要的政治理念，人人耳熟能詳，但是在當時軍閥割據、天下大亂的情況下，是非常難能可貴的。「以人爲本」的關鍵，是要看見一個個具體的人，而不是做爲一個口號、一塊招牌。你現在看到這麼多人投靠你，你不去保護，扔下他們自個兒跑了，還要給自己找藉口，邊跑邊說：鄉親們，我先走一步。等我保住了性命，壯大了實力，再回來拯救你們！那就不符合「立國之道」，而墮落爲權謀了。東晉史學家習鑿齒評價劉備，說他「雖顚沛險難而信義愈明」，越是在顚沛流離、危急存亡的關鍵時刻，劉備的信義就越加鮮明。這就是劉備成功的關鍵所在，也是後來蜀漢的「立國之道」。

以上，我們反覆提到了「立國之道」這個詞語。「立國之道」究竟是什麼？

立國有道，國祚綿長的不二法門

一部二十四史，有的王朝國祚綿長，有的王朝二世而亡；有的王朝享譽青史，有的王朝

遭後世唾　。原因何在呢？具體分析，有各種各樣的因素，但是從傳統史學、傳統文化入眼，那麼國祚綿長、享譽青史的不二法門，就是「立國之道」。

中國傳統政治文化，講究立國之道。

什麼叫立國之道？一個國家，可以制定法律、實施法律，那麼在法律還沒有制定的時候，甚至連國家還沒有成立的時候，你去評價一個國家建立的過程是不是正當，評價的標準是什麼呢？就是立國之道。簡單來講：你這個國家建立的過程是不是符合道義，如果是，這叫「立國有道」，你的政權就有合法性、正當性，國祚就長，就能名垂青史；如果不是，這叫「得國不正」，你的政權就沒有合法性，會短命而亡，亡了以後還要遭後人的唾　。講得有點抽象，我舉個例子來說明問題。

《晉書》記載：東晉有個皇帝叫晉明帝，是司馬懿的玄孫，司馬昭的曾孫。晉明帝做皇帝的時候，年紀還很輕，所以對於他祖上的光榮歷史不太了解。有一天，他把宰相王導叫來，問：我們司馬家的皇位是怎麼來的呀？我們祖上是怎麼得的天下呀？有什麼光榮的奮鬥史，你給說來聽聽。

這個宰相呢，知道的比較多，所以原原本本、不加修飾，都告訴他了：你爺爺的爺爺叫司馬懿，當年怎麼用陰謀詭計害死了政敵曹爽，殺了很多人，最後把持了朝政；你爺爺的爸爸叫司馬昭，當年怎麼殺害了小皇帝曹髦，還嫁禍給別人，所以咱們今天有個歇後語叫「司馬昭之心——路人皆知」，就是打你爺爺的爸爸那兒來的。這個宰相也不考慮小皇帝的情緒，口無遮攔一頓說，把這小皇帝給惹的，滿臉通紅：我祖上怎麼這麼缺德呢？聽到最後實在是尷尬得不行了，像鴕鳥鑽沙丘一樣，一頭鑽進被子裡，說：「若如公言，晉祚復安得長遠？」如果照你所說，我們祖上盡靠陰謀詭計得天下，那我晉朝的國祚怎麼還長得了？

晉明帝爲什麼會得出這麼個結論呢？因爲他意識到，他的祖上司馬懿、司馬昭「得國不正」，建立的政權不具有合法性，不符合立國之道。

反觀劉備、諸葛亮，他們從公元二〇八年開始，就走上了一條艱難曲折的立國之路。在建國的過程中，在許多關鍵點上，基本能夠恪守正道。所以蜀漢雖然弱小，但是中國古代的史學家卻紛紛以「正統」許之，歷朝歷代都有「擁劉反曹」的傾向。

有人說這都是《三國演義》瞎編的結果，這就把問題看得太簡單了。蜀漢以一個蕞爾小國，能夠在歷史上享有如此高的美譽度；劉備以一介中人之資，能夠抗衡智勇卓絕、實力雄厚的曹操，原因都在於「立國有道」。

但是，道德的追求並不能取代智力的較量。隨著曹操占領荊州，劉備流離失所，漢末三國最大的智力盛會——赤壁之戰，已經拉開了帷幕。

第九章

赤壁博弈

問人間誰是英雄？有釃酒臨江，橫槊曹公。紫蓋黃旗，多應借得，赤壁東風。更驚起南陽臥龍，便成名八陣圖中。鼎足三分，一分西蜀，一分江東。

元 阿魯威〈蟾宮曲·問人間誰是英雄〉

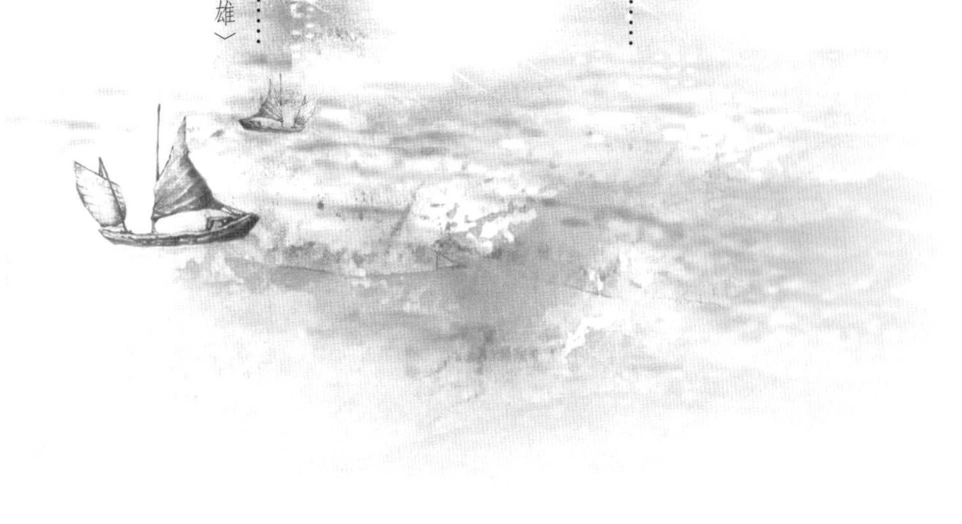

閒時布子，會者不忙

劉備放棄了攻占襄陽的大好機會，腳下已無立錐之地，哪裡可以落腳呢？如果這個時候才來想辦法，那麼即便是諸葛亮也無能為力。諸葛亮的本事，在於見微知著、料敵先機。早在劉表在世的時候，諸葛亮就已經布下了一顆棋子。這顆棋子，當時看來只是一步閒子，如今卻成了劉備的救命稻草。

劉表有兩個兒子，長子劉琦，次子劉琮。兩個人的生母死後，劉表續弦，娶了荊州四大家族之一蔡家的姑娘蔡氏。劉琮後來娶了蔡氏的侄女為妻，所以蔡氏家族傾盡全力打壓劉琦，扶劉琮上位。

劉琦並不是一個權力欲很強的人，面對弟弟的咄咄逼人，甘願退讓。他擔心的是，自古以來政治鬥爭從不會適可而止，一定是趕盡殺絕。劉琦想起了諸葛亮，此人雖然年輕，卻有著與其年齡不相稱的智略。

劉琦與諸葛亮並不陌生。前面說過，劉琦的父親劉表與諸葛亮的岳父黃承彥，娶的都是荊州望族蔡家的女子，是連襟。劉琦與諸葛亮都是小一輩中的知名人物，自然也有交情。

劉琦借著這層關係，幾次三番求教諸葛亮：我弟弟要取代我，我後母要謀害我，我父親不信任我，怎麼辦？諸葛亮每次聽到此處，都笑而不語，起身就走。古人云：「疏不間親。」這點粗淺的道理，諸葛亮豈能不懂？劉表、劉琦，畢竟是父子；劉琦、劉琮，畢竟是兄弟。我今天自以為和劉琦關係親，幫著兒子對付老子，幫著哥哥對付弟弟，明天他們父子同享天倫、兄弟重歸於好，那將置我於何地？何況，劉琦現在要對付的蔡氏，畢竟是自己岳母的親妹妹，於情於理，諸葛亮都沒有開口的理由。

然而，世界上沒有不能說的話，只有不能說的時機。聰明人，懂得創造這樣的時機。整本《三國志》中，劉琦都庸庸碌碌，唯獨在這裡靈光一閃，創造了這麼一個時機。

有一天，如往常一樣，劉琦邀請諸葛亮來遊園。劉琦雖然智謀武略都欠佳，在文藝方面卻頗得乃父風采，把一個小園造得氣韻流轉。諸葛亮與劉琦邊賞玩邊清談，不知不覺登梯上樓，憑欄遠眺，以窮千里之目。賞玩宴飲之暇，劉琦再次求教：我弟弟要取代我，我後母要謀害我，我父親不信任我，請諸葛兄賜示良策！諸葛亮一言不和就要下樓，卻見樓梯已經被下人們撤掉了。諸葛亮回頭，微笑著看了一眼劉琦。劉琦也會心一笑：「今日上不至天，下不至地，言出子口，入於吾耳，可以言未？」諸葛亮明白，說話的時機已到，就輕輕點了一句：「君不見申生在內而危，重耳在外而安乎？」

這裡用了一個春秋時代晉國的典故。晉獻公有兩個兒子，一個是太子申生，另一個叫重耳。這兩人的媽都死得早。晉獻公晚年寵愛一個叫驪姬的妃子，驪姬爲了扶自己的兒子上位，就成天給晉獻公吹枕邊風，讓他廢黜申生、重耳。申生得知君父要對自己不利，心甘情願引頸就戮；重耳呢，流亡外國，最終歷經千辛萬苦回來奪回君位，成爲春秋五霸之一的晉文公。申生、重耳當時的處境，與劉琦簡直如出一轍。這個典故，劉琦當然知道，但是劉琦知而不能用，只能做爲炫學的談資而已；諸葛亮卻能靈活運用，變成保命的靈丹妙藥，這就是「觀其大略」讀書法在起作用。

劉琦聽了諸葛亮的話，當下心領神會。剛好當時江東孫權討伐荊州，把江夏的守將給打死了。劉琦就向劉表請示：能否讓我去鎭守江夏、防備孫權，爲父親分憂？劉表和蔡氏巴不得劉琦遠離權力核心，滾得越遠越好，當下同意。

劉表死後，荊州望風而降，當年權力鬥爭的勝利者劉琮，如今無立錐之地；當年權力鬥爭的失敗者劉琦，卻保有江夏一郡。歷史的發展，就是如此弔詭。

更加出人意料的是，諸葛亮當年布下的這顆閒子，如今成爲了劉備絕地反擊的根據地。劉備率領幾十萬軍民，在曹操五千精兵的窮追猛打之下，逶迤而行，直奔江夏而來。

被低估的戰略家

除了曹操的五千精兵以外，還有一個人也在追劉備。這個人，名叫魯肅。

魯肅，在《三國演義》裡的形象，是一個老好人。他扮演的角色，類似於福爾摩斯身邊的華生，他的存在是爲了襯托諸葛亮的智慧。實際上，歷史上的魯肅完全不是如此。魯肅在漢末三國，是第一流的戰略家。我們先來看一段史書的描寫，領略一下魯肅的精彩。

《三國志．魯肅傳》注引《吳書》說：魯肅生當東漢末年，預感天下即將大亂，就放下書本，開始學習騎射擊劍。魯肅家裡很有錢，他揮霍家資，吸引了一群英氣勃勃的少年，每天跑到山裡去，名義上是去打獵，實際上魯肅以兵法指揮少年們習練戰鬥技術。當時魯家的族人、魯肅的長輩們都感嘆：魯家要完蛋了，居然生下如此狂妄之徒！（魯氏世衰，乃生此狂兒！）這些習慣了太平盛世的老一輩又豈能料到，不是魯家要完蛋，而是漢朝要完蛋了。

漢末群雄並起，周瑜拉起一支幾百人的軍隊，缺乏糧食，就向魯肅求助。魯肅當時家裡有兩大糧倉的米，各三千斛。魯肅指著其中一座糧倉，說：拿去用。這就是魯肅的格局。赤壁戰後，劉備苦無立足之地，就來找孫權借土地。魯肅當即勸說孫權：我們現在有荊州、揚州兩大州，不妨把荊州借給劉備。消息傳到北方，曹操正在寫書法，嚇得毛筆都掉在了地上。這等以天下爲棋局，爲孫權分憂解愁、讓劉備滿血復活、令曹操心驚手抖的大手筆，仍是當年「拿去用」的狂兒本色。

那麼，在曹操揮師南下，劉備亡命天涯之際，孫權的手下魯肅爲何而來呢？

劉表病死、荊州易幟，牽動著全天下焦灼的目光。在這樣洗牌的時刻，誰坐觀成敗，誰就將在接下來的格局中陷於被動。魯肅這樣一等一的戰略家，自然不會袖手旁觀。他對孫權說：劉表病死，荊州很快就會被曹操拿下。我想以弔喪爲名，出使荊州，觀察劉備。如果劉備有能力安撫劉表的殘餘勢力，那我們就與劉備聯合，共同抗曹；如果劉備不足以成大事，那我們就突襲荊州，搶占長江中游，在此亂局之中分一杯羹。

孫權點頭同意。魯肅遂以一葉扁舟，渡江西來。

說服之道，首在揣摩人心

魯肅到荊州的時候，劉琮已經投降，劉備已經逃跑了，所以他一路快馬加鞭，終於在當陽追上了劉備。

此時的劉備，已經被曹軍追上。經過一場慘烈的激戰，劉備慘敗。跟隨劉備的幾十萬官民百姓，以及劉備的全部糧草輜重，全被曹操俘獲。魯肅見到的，就是這個落魄至極，卻仍難掩梟雄氣魄的劉備。

魯肅把來意說明，雙方一拍即合。魯肅又對諸葛亮說：我是令兄諸葛瑾的好朋友。一句話，就拉近了雙方的距離。

劉備當機立斷，派諸葛亮出使江東，跟著魯肅來見孫權。此時的孫權，心裡很猶豫。到底是投降曹操，還是反抗曹操，還沒有決定。現在諸葛亮來了，孫權心裡面嘀咕：你是劉備的人，肯定爲劉備的利益考慮，攛掇我反抗曹操，拿我當炮灰，我要提高警惕。

《三國演義》在諸葛亮遊說孫權之前，虛構了「舌戰群儒」的精彩回目。這幅繡像選自清初託名金聖歎的《繡像金批第一才子書》，從中可窺明清俗文學中諸葛亮的形象。

諸葛亮對孫權的心思洞若觀火，他也在揣摩遊說之道。一般的遊說，無非動之以利。但孫權的手下可以對他動之以利，諸葛亮卻不行。諸葛亮是劉備的使者，無論說得多麼天花亂墜，最終一定是爲劉備的利益考慮的，所以此道不通。

孫權是個年輕人，比諸葛亮還小一歲。他繼承父兄基業，坐領江東未久，意氣風發。孫權在私人生活方面，也是個喜歡冒險的人，不惜以萬金之軀親自和老虎搏鬥，給後世留下了「親射虎，看孫郎」的佳話。這樣的少年英雄，與曹操、劉備這樣只重實際利益的老江湖完全不同，不能單純動之以利，而必須激之以氣。

諸葛亮見到孫權，對他說：曹操已經統一北方，現在又占領了荊州，沒人能打得過他，所以我勸您投降要趁早，千萬別猶豫。你要再這麼猶豫下去，萬一讓曹操看出來你不想投降，那麻煩就大了。

這一番話，完全出乎孫權的意料。孫權覺得很奇怪，你不勸我抵抗，反而勸我投降，什麼意思？就反問了一句：你勸我投降曹操，那試問你們劉備爲什麼不投降呢？

諸葛亮一聽，笑了。他說：「田橫，齊之壯士耳，猶守義不辱。」田橫是什麼人呢？當年漢高祖劉邦統一天下，只剩下一個齊國的諸侯田橫，帶著五百個人守在一個小島上。劉邦說：你趕緊投降，封你做個王侯，別勞駕我派兵打你。田橫左思右想，覺得義不受辱，抹脖子自殺了。田橫一死，他手下的五百個人集體自殺。這就是歷史上著名的「田橫五百士」的故事。諸葛亮說，田橫區區一個齊國的壯士，尚且懂得不能投降的道理，何況劉備乎？劉備以仁義道德反抗強暴，拯救百姓，要麼成功要麼死，絕對不可能投降。

孫權一聽，熱血沸騰：我絕不能坐以待斃，我也要抵抗曹操。那曹操這麼強大，我們有幾成勝算呢？

諸葛亮說：你別看曹操強大，這是表象，其實曹軍有三個致命弱點。第一，曹操遠道而來，已經是強弩之末。第二，曹軍是北方人，不習水戰，現在跑到南方來打仗，這不是自找麻煩嗎？第三，荊州人為形勢所迫，投降曹操，其實內心不服，這對曹操來講是一顆定時炸彈。只要利用好這幾點，我們勝算很大。

孫權當即拍板，決定聯合劉備抵抗曹操。

為什麼諸葛亮能夠說服孫權呢？

有人說，因為諸葛亮口才好，用了激將法。這有一定道理，但是還沒有說到關鍵。孫權的手下文武大臣，口才也很好，為什麼都沒能完全說服孫權呢？因為孫權的手下，不管是投降派還是抵抗派，都在用利益說服孫權。你投降曹操有什麼好處，不投降曹操有什麼好處，爭執不下。孫權一直在權衡利弊，所以拿不定主意。

諸葛亮沒有單純用利益說服孫權。諸葛亮說服孫權的關鍵是八個字：曉之以義，動之以利。中國傳統政治文化，不論利害，不論得失，不論成敗，只論大是大非。簡單來講，道義是第一位的，利益是第二位的。所以諸葛亮先「曉之以義」，他告訴孫權，曹操以詐術和武力奪取天下，我們反抗強暴，這是道之所在，義不容辭，沒有商量的餘地。所以劉備力量雖弱也要反抗到底，除死方休。正是這一番道義，激動了孫權，決定抗曹。然後諸葛亮再「動之以利」，給孫權分析曹軍外強中乾，我們抗曹的勝算很大，打消了孫權的後顧之憂。從這件事情，可以清楚地看到，漢末三大勢力的立國之道，各不相同。劉備最弱小，卻能在夾縫中生存下來，走向成功，自有其獨到之處。

　　在諸葛亮的撮合之下，孫劉聯軍在赤壁以少勝多、打敗曹操，是歷史上著名的「赤壁之戰」。赤壁之戰以後，劉備迅速占領荊

湖北赤壁山上的鐫字。此戰後，曹軍退守北方，形成三分天下的局面，也奠定三國鼎立的基礎。

州，實現〈隆中對〉的第一步。〈隆中對〉的第二步，是西取巴蜀，也就是奪取長江上游劉璋的益州。就在這個時候，劉璋主動送機會來了。

第十章 用兵西南

武侯來西國，千年愛未衰。
今朝遊故里，蜀客不勝悲。

北宋 蘇軾〈隆中〉

驕矜的代價

赤壁之戰以後劉備占領了荊州，實現了〈隆中對〉的第一步。〈隆中對〉的第二步，是要占領長江上游的益州，就在這個時候，益州的軍閥劉璋給劉備送機會來了。這是怎麼一回事呢？話還得從頭說起。

劉璋和劉備一樣，也是漢室宗親。東漢末年，劉璋的父親劉焉在朝爲官。他看出來天下即將大亂，我不能待在朝中混吃等死，我得找個天高皇帝遠的地方擴充實力，做個土皇帝。劉焉找人算命，哪個地方比較旺。算命先生說：益州有天子氣，你可以去益州。其實這個算命先生的話說得沒錯，只不過這個天子氣，不應在劉焉的身上，要將來用在劉備身上。但劉焉哪知道這些呢？所以劉焉就向皇帝請示：我要申請去益州做官，支援西部地區！得到批准，被任命爲益州的最高行政長官——益州牧。

劉焉死後，他的兒子劉璋即位。劉璋是個什麼樣的人呢？諸葛亮在〈隆中對〉裡，對他有個評價，叫「劉璋暗弱」。「暗」，就是不能明辨是非，智商比較低；「弱」，就是性格懦弱，不夠強悍。益州，是今天的四川一帶，自古以來號稱「天府之國」，經濟發達、人才輩出。現在攤上這麼個暗弱的主，當然就引起了各方勢力的覬覦。當時打益州主意的，最起碼有四個勢力：

第一個是漢中軍閥張魯，他離得最近，早年間和劉璋結仇，所以一直想要打益州。但是張魯實力太弱小，一口吃不下益州。

第二個是孫權，孫權一直想要統一整個南方，益州也是目標之一。但是孫權離得太遠，益州在長江頭，揚州在長江尾，中間還隔著個荊州的劉備，很麻煩。

第三個就是劉備，諸葛亮早在隆中對就爲劉備規畫好了，我們先取荊州，再取益州。但是劉備太忙，荊州剛打下來，立足未穩、百廢待興，暫時騰不出手來取益州。

張魯太弱，孫權太遠，劉備太忙，這就便宜了第四個人：曹操。曹操有統一天下之志，益州當然是獵物之一。早在赤壁之戰前夕，曹操風頭正盛的時候，劉璋就派了個謀士叫張松，出使曹操。劉璋這一手，有點首鼠兩端的意思：現在曹操大有統一的可能，我早點兒跟他示好。如果曹操勝了，我就順勢投降；如果曹操敗了，我就繼續做我的土皇帝。

沒想到，張松到了曹操這兒，壓根不受重視。曹操當時覺得，我這一戰必贏無輸。在曹操眼裡，劉備、孫權都不算什麼，何況區區劉璋？你們願意投降就早點投降，不願意投降也無所謂，反正我遲早要收拾你們。所以當時對待張松，也是愛答不理。

張松不是任人宰割、好對付的人，他是個有想法有脾氣的人，有在亂世建功立業的野心。張松對劉璋不滿意，一直想要找個眞正能發揮自身才能的主人。本來這次出使曹操，張松就想著把益州出賣給曹操，以立一奇功，將來好在曹操的幕下謀個好差事。要知道，如果曹操得到益州，那麼劉備就沒有立足之地，〈隆中對〉的計畫將毀於一旦；劉備沒有立足之地，那麼孫權獨木難支，曹操即便赤壁戰敗，也仍然有統一的機會。

東晉史家習鑿齒寫史至此，大發感慨：「昔齊桓一矜其功而叛者九國，曹操暫自驕伐而天下三分，皆勤之於數十年之內而棄之於俯仰之頃，豈不惜乎！」春秋時代的齊桓公，驕傲自大了一下下，九個盟國叛他而去；如今曹操稍稍驕傲了一下，結果天下三分、統一無望，這都是努力了幾十年，卻在俯仰之間放棄了，豈不是太可惜了嗎？（《三國志．劉二牧傳》注引《漢晉春秋》）這就是驕矜的代價。

曹操爲什麼會驕矜呢？因爲他對現狀滿足了。一個人一生可以犯很多錯誤，也必然會犯很多錯誤。所有的錯誤中，有一個是最致命的：對現狀滿足。一旦你對現狀滿足，對自己滿足，那就失去了精進的動力，歸於失敗只是遲早而已。

張松出使失敗，悻悻歸來，正好曹操赤壁慘敗而歸。張松就勸劉璋：乾脆與曹操斷絕來往，還是過咱天高皇帝遠的老日子。劉璋沒有遠略，自然聽從。張松則擦亮雙眼，繼續物色益州的主人。

他相中了劉備。

仁義贏得了民心，也困住了自己

曹操赤壁之戰慘敗而歸，終於調整了戰略，「失之東隅，收之桑榆」，劉備、孫權不好惹，那柿子揀軟的捏，我先拿西北的馬超、漢中的張魯和益州的劉璋下手。等壯大了實力，再從長江上游順流而下消滅孫劉。所以，曹操派人攻打漢中張魯，同時呢，吃著碗裡的看著鍋裡的，對益州虎視眈眈。

劉璋看到曹操要打過來，非常害怕。他把手下人都叫到一塊兒，問：曹操現在要打我們，怎麼辦？

張松說：單靠咱們自己的力量，肯定打不過曹操。但是咱們可以請外援啊。有個人，號稱曹操剋星，當年曹操打徐州，是被他打退的；前不久曹操打荊州，又被他打敗了。咱們把曹操剋星請來，一定可以克曹操。

劉璋問：你說的這個曹操剋星是誰？

張松說：不是別人，正是劉備。說起來，他和您都是漢室宗親，還是本家呢。我們可以請劉備過來先下手爲強，把張魯滅了，把漢中占了，再抵抗曹操。

劉璋一聽，非常高興：我的親戚裡面，居然還有一個這麼有能耐的，太好了！立刻派另一個謀士法正出使劉備，討論合作事宜。諸葛亮說劉璋「暗弱」，這話一點沒說錯。他不僅弱，害怕曹操，而且暗，連自己的手下都看不清楚。張松和法正這兩個人，是劉璋手下的兩個內奸。他們倆早就對劉璋不滿，想要迎接劉備、取代劉璋，成爲益州的新主人。現在劉璋聽一號叛徒張松的話，派二號叛徒法正來找劉備，這正是病人找鬼商量——找死。

法正見到劉備，立刻倒戈。他說：劉將軍您英才蓋世，我們家劉璋是個窩囊廢。現在我給您當嚮導，張松在益州給您當臥底，我們裡應外合，可以把益州拿下。

肥肉自己送上了口，劉備卻猶豫了。他過不了自己的良心這一關。

取益州，是〈隆中對〉的既定方針，沒有任何可猶豫的。赤壁戰後，如果諸葛亮建議劉備立刻攻打益州，劉備不會有絲毫遲疑。但是，現在暗弱的劉璋對我充滿信任，滿懷熱情地邀請我施以援手，而我卻利用他的信任，搶他的地盤，這豈是仁人所爲？

面對劉備的遲疑，謀士龐統挺身而出。

姍姍來遲的鳳雛

龐統是荊州望族龐家的雋才，隱士龐德公的侄子。當年劉備在荊州尋訪人才的時候，司馬徽曾經給他推薦過「臥龍鳳雛」，結果劉備請出了臥龍諸葛亮，而鳳雛龐統則已經出仕，所以無緣一面。

赤壁之戰以後，劉備逐漸控制荊州，龐統就在此時歸附劉備。但這個時候的劉備，可能已經不像當年那樣求賢若渴，也可能已經淡忘了司馬徽的推薦，只讓龐統做了個縣令。龐統是志在安邦定國的大才，哪裡會把一個小縣城放在眼裡？於是消極怠工，導致百事荒廢，被免官。魯肅得知此事以後，專門給劉備寫信說情：龐統這個人，非百里之才，只有委以重任，才能施展他的本領。諸葛亮也向劉備說明龐統的才能。劉備這才引起重視，親自接見龐統，一談之下，相見恨晚，遂任他為軍事中郎將，與諸葛亮齊平。諸葛亮優於理政，龐統長於策算，兩人是一對黃金搭檔。

現在，龐統看到天大的機會就在眼前，益州已成囊中之物，而劉備卻遲疑不決，立刻勸劉備領兵入川。

劉備為難：我與曹操一向水火不容，行事風格也恰好相反。曹操峻急，我就寬緩；曹操暴虐，我就仁義；曹操譎詐，我就忠厚。這才是我的立足基點。如今爲了取得益州，而要失大信於天下，我不能做這樣的事情！（今指與吾爲水火者，曹操也，操以急，吾以寬；操以暴，吾以仁；操以譎，吾以忠；每與操反，事乃可成耳。）

龐統說：如今正是行權道的時候。第一，我們不拿下益州，那就一定便宜了曹操；第二，如果您良心上過不去，那麼等將來平定了天下，再給劉璋封個諸侯國做爲補償就是了，不必拘泥這些小節。（《三國志．龐統傳》注引《九州春秋》）

龐統的理由，平定天下後給予補償云云，不過是自我安慰的藉口；但「今日不取，終爲人利」，卻是非常現實的問題。劉備聽後，雖然不能完全打消自己的疑慮，也還是作出決定：諸葛亮與關羽、張飛、趙雲留守荊州，自己親自率領龐統、黃忠、魏延，以及大約一兩

劉備入蜀時留駐的葭萌關，在今四川昭化鎮。《三國演義》以葭萌關為舞臺，虛構了張飛夜戰馬超的精彩回目。這是昭化古城的覃家大院內所見石槽，槽上雕刻的正是這一當地人津津樂道的故事。

萬人馬西行入川，踏上這片雲山霧罩之下的神祕土地。

考驗，才剛剛開始。

三個選擇

劉備一行溯流而上，走到距離成都三百多里的涪縣。劉璋聽說天下聞名的劉備親自帶兵來助拳，非常感動，立刻跑到涪縣迎接劉備。

張松給法正捎了個信，說這是個大好機會，不妨趁劉璋沒有防備，借機幹掉他，直接接管益州。法正把這個計謀告訴劉備，龐統也舉雙手贊成，但是劉備仍然猶豫不決，他說：「此大事也，不可倉卒。」就這樣，一邊是劉璋的殷勤款待，一邊是劉備的猶豫煎熬，雙方在涪縣大宴一百多天。最後，劉璋給了劉備大量的物資資助，讓劉備幫他北伐漢中的張魯。同時，劉璋還讓益州與漢中交界處的白水關的官兵聽命於劉備。交代完畢之後，劉璋握著劉備的手，依依不捨，灑淚揮別。

劉備一生遇強敵無數，從來不曾畏懼。但是，這一次的對手劉璋實在是太柔仁、太懦弱、太忠厚了，反倒令劉備於心不忍。一百多天的歡宴，正是劉璋的警惕心最鬆懈的時候，劉備卻始終沒有下狠心動手；這一百多天，也成了兩人最後的蜜月。

劉備雖然情感上猶豫不決，但在理性上依然非常精明。他知道，劉璋讓白水關軍聽命於他是假，監督於他是真。白水關外，就是漢中的地盤。一旦出關，關軍再把關門一閉，那就弄假成真，真的要和張魯開打了，這絕非劉備所願。所以劉備帶軍隊走到距離白水關七八十里的葭萌關，就停駐不動，拿出他的看家本領——收買人心，在這裡「厚樹恩德，以收眾心」。

這一待，就是一年。劉璋再暗弱，也看出問題來了。加上白水關的守將不斷通風報信，劉璋開始懷疑劉備。久處敵境，兵疲師老，劉備的處境越來越尷尬。在這種情況下，龐統給劉備出主意：咱們再這麼拖下去不是辦法，我有上中下三策，您選一個。

劉備問：你的上策是什麼？

龐統說：趁劉璋還沒有做好防備，出奇兵直取成都，擒賊擒王。

劉備嚇了一跳：太冒險了，這不好。中策呢？

龐統說：我們假裝要回荊州，白水關守將肯定要擺個告別宴給我們送行，在宴會上動手殺掉守將，接管白水軍，向劉璋宣戰。

劉備沉吟半晌：這個可以考慮，那下策呢？

龐統笑了：回荊州，重新來過。

劉備說：上策太急，下策太緩，中策不錯。

劉備之所以選中策，仍然是受困於自己的仁義之心。他無法接受對劉璋搞突然襲擊，儘管是你死我活的軍事鬥爭，儘管從入川之日起就已注定要翻臉，劉備還是希望來一次堂堂正正的宣戰。你可以說這是劉備的缺點，但無可否認，這也是劉備的魅力所在。

劉備立刻向劉璋提出：荊州有難，我必須趕回去，麻煩你給我一萬軍隊，再支援我錢糧，讓我回去救急。劉璋至此，終於大失所望：我好心好意請你來幫忙，給你錢、給你糧，你在葭萌關磨洋工磨了一年，啥事都沒幹，現在還有臉來找我要支援？就給了劉備四千羸卒，錢糧也一律減半。

劉備假裝回荊州的把戲，不但騙過了劉璋，也騙過了他安插在劉璋身邊的臥底——張松。張松以爲劉備眞的要走，急得不行，立刻給劉備發了一封密信，勸他一定不能前功盡棄。這封密信落在了劉璋手裡，很自然的結果是：張松被劉璋斬首。翻雲覆雨一輩子的張松，這回在陰溝裡翻了船。

開戰的口實，終於有了，劉備可以光明正大地撕破臉皮了。

你也有錯，我也有錯

接下來，劉備就按照龐統的策畫，擺了一個鴻門宴，幹掉了白水關的守將，接管了白水關的軍隊；然後，再扣留白水關軍隊的家屬爲人質，將這支軍隊變爲反攻劉璋的急先鋒。

一旦撕破了溫情脈脈的面皮，劉備那一代梟雄的狠辣手段立刻開始起作用，一路上勢如破竹。重新打回到當年和劉璋一起歡宴高歌的涪縣，劉備心情大好，置酒慶賀。酒席上，劉備聽著音樂，賞著舞蹈，品著美酒，情不自禁地慨嘆：今天這場宴會，眞是快樂啊！

龐統立刻在旁邊潑了一盆冷水：討伐他人之國，卻感到歡樂，這不是仁者所爲。（伐人之國而以爲歡，非仁者之兵也。）你不是一向以仁義自居，扭扭捏捏不肯打劉璋嗎？現在那副仁義的嘴臉哪去了，怎麼高興成這樣？

氣氛變得異常尷尬。

劉備當時已經醉醺醺的了，聽到這話，老羞成怒，立刻拉古人的典故給自己洗白：當年武王伐紂，還不是前歌後舞的？我哪裡做錯了？你喝多了，快出去吧！

龐統起身就走了。

劉備平時喜怒不形於色，冷靜下來，立刻感到剛才失言了，派人請龐統回來。龐統回到原來的位子上，一屁股坐下，也不向劉備道歉，吃喝如常、言笑自若。

劉備心裡仍然感到有點彆扭，想給自己找回點面子，也給龐統一個台階下。他問：剛才是誰錯了？

龐統回答：你也有錯，我也有錯。（君臣俱失）你的錯，在於非得以仁義爲標準，來束縛自己的手腳；我的錯，在於用你的標準，來評價你的言行。歸根結底，還是你的錯。

劉備聽了，哈哈大笑，心中徹底釋然。

可惜，在接下來的戰鬥中，龐統爲流矢所中，傷重而死。年僅三十六歲的鳳雛，還沒來得及展翅翱翔，就已涅槃。劉備斷此一臂，心情沉痛之極，再加上戰事不利，只好招呼諸葛亮帶兵入川助攻。

這是諸葛亮的處女戰。

第十一章 依法治蜀

諸葛亮之為相國也，犯法怠慢者雖親必罰，服罪輸情者雖重必釋，善無微而不賞，惡無纖而不貶，終於邦域之內，咸畏而愛之，刑政雖峻而無怨者，以其用心平而勸戒明也。

西晉 陳壽《三國志》

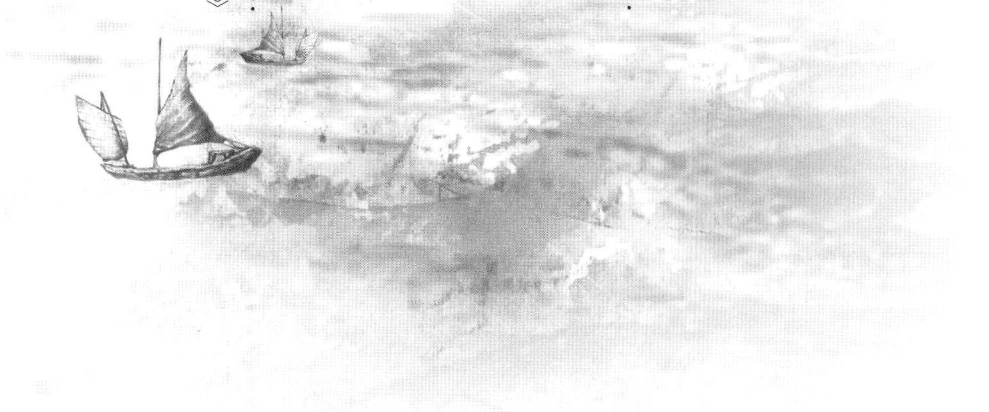

同僚關係，比敵我關係更複雜

漢代的士人，入則為相、出則為將，還沒有像後世那樣文武分途。諸葛亮在草廬的時候，曾學習兵書戰策，此時需要領軍上陣，也並不為難。諸葛亮留了劉備集團的老資格關羽鎮守荊州，自己帶了張飛、趙雲入川。

諸葛亮的到來，使得劉備軍聲威大震，很快兵臨成都城下。正巧這個時候，涼州的軍閥、以驍勇善戰聞名天下的馬超也來投降劉備，參與圍城。劉璋得知大勢已去，一聲長嘆，獻城投降。軍事鬥爭結束，更加複雜的考驗來臨。

俗話說：「天下未亂蜀先亂，天下已治蜀未治。」四川，以其獨特的地形與文化，成為天下治理中的一塊試金石，考驗著歷代不同政權統治者的成色。劉備、諸葛亮占領四川，將會交上怎樣的考卷呢？

劉備能夠拿下益州，法正是一大功臣。所以，劉備進入成都以後，封法正為蜀郡太守、揚武將軍，地位非常高，史稱「外統都畿，內為謀主」。都畿，就是首都附近，益州的心臟地帶，也就是蜀郡，歸法正管；謀主，就是首席謀士，法正成為了劉備集團的大腦。

法正這個人，能力很強，心眼很小。他以前在劉璋手下的時候，對自己的官職、待遇不滿意，自認爲鬱鬱不得志，所以極力幫助劉備，建立新政權。現在法正是劉備手下的大紅人，揚眉吐氣，當年誰對我好，誰對我差，我心裡都有一本賬。現在有恩報恩，有仇報仇，我法正絕不含糊。

《三國志．法正傳》記載，法正當上蜀郡太守以後，「一餐之德，睚眥之怨，無不報復」，誰請法正吃過一頓飯的，湧泉相報；誰瞪過法正一眼的，趕盡殺絕。「擅殺毀傷己者數人」，擅自殺害了好幾個仇人。

有人找到諸葛亮告狀，說法正也太囂張了，您得稟報主公，依法嚴辦。沒想到，諸葛亮不同意。諸葛亮說：當年主公在荊州的時候，北有曹操之覬覦，東有孫權之逼迫，兵力薄弱，土地狹小，沒有辦法大展宏圖。幸虧有了法正幫忙，主公才能入主益州，鹹魚翻身。正是法正讓主公擺脫了限制，現在主公又怎麼能反過來限制法正呢？

諸葛亮的這個態度，讓後人感到非常費解：

首先，這不符合諸葛亮一貫的主張。諸葛亮在隆中對的時候就說過，占領益州以後要「內修政理」，現在對法正包庇縱容，是「內修政理」的表現嗎？

其次，這不符合諸葛亮的人物形象。《三國志》評價諸葛亮「犯法怠慢者雖親必罰」，爲什麼偏偏法正犯法，就睜一隻眼閉一隻眼了呢？

所以有人懷疑，這條史料是不是假的？也有人覺得，這才是眞實的諸葛亮，平時那個大義凜然的諸葛亮是裝出來的。

讀史，貴在能根據紙面上的記載，細心體察文字背後古人的心曲隱衷，才能做到不枉不誣。對於諸葛亮來講，與法正的同僚關係，比入川時與劉璋的敵我關係，更加複雜百倍。

沒有法律，任何司法都是人治

一個政治家身處於複雜的政治環境中，會表現出多種面貌，但是要注意：這種種面貌背後的精神是一以貫之的。諸葛亮縱容法正，表面上的理由，因爲法正對劉備有恩，是大功臣，所以可以有特殊待遇，實際上，諸葛亮這麼做，有其不得已的苦衷：

第一，不在其位，不謀其政。

攻占成都以後，諸葛亮的官職是軍師將軍，法正是揚武將軍，兩個人是平級關係，誰也管不了誰。所以，不在其位不謀其政，這本身就是法治的題中之義，諸葛亮沒有權力越位懲辦法正。那諸葛亮爲什麼不找劉備打小報告呢？

因爲第二，緩和新舊矛盾。

法正案件，不是一個普通的司法案件，還有著複雜的政治背景。對於益州人來講，劉備、諸葛亮是外來者。益州本土勢力的總代表，就是法正。現在劉備剛剛進入益州，在這樣敏感的時候，諸葛亮就拿法正開刀，這在當地人看來，你處理的不是法正一個人，你是衝著我們益州人來的。你今天能拿法正開刀，明天倒霉的可能就是我們。這樣一來，會引發益州人的猜疑和不滿，激化新舊勢力之間的矛盾。所以，諸葛亮不得不愼之又愼。

第三，也是最根本的原因：無法可依。

在攻占成都之前，劉備集團主要是一個軍事集團，基本上不存在法制建設。誰犯了錯誤，該打還是該殺，拉到劉備面前，讓劉備說了算。這種戰時法制，方便快捷效率高。但是現在劉備集團已經不比當年了，它已經是一個跨有荊州、益州兩個大州，三分天下有其一，管轄人口一百萬以上的實體政權了。以前劉備手下，就關羽、張飛、趙雲幾個，新來一個諸葛亮，都是熟面孔，眞有誰犯了錯，打個哈哈就過去了。現在劉備手下的官員人數激增，龍蛇混雜，你要再靠熟人社會、幫派大哥那套管理辦法，肯定是行不通的。

在沒有法律的情況下，再正直的司法，都是人治。

不僅是法正的問題，對老百姓的日常管理，也要求有一部法律可以參照。

《三國志・簡雍傳》記載：劉備剛剛占領成都的時候，因爲大旱，收成不好，所以嚴禁釀酒，以節約糧食，違者嚴懲不貸。有一天，劉備帶著手下一個謀士叫簡雍，一起巡邏查看禁酒的情況。有個小吏來報告，在一戶人家搜到了全套釀酒的工具，請問這算不算釀酒？是否按照釀酒罪處罰？

劉備想也沒想，說：算呀！有釀酒的工具那肯定是要釀酒，要不然是幹嘛呢？搞收藏嗎？給我嚴懲不貸！

簡雍在一邊聽了，知道劉備說得不對，但是他沒吱聲，兩個人繼續巡邏。走了一會兒，迎面走過來一對青年男女，簡雍對劉備說：那個男的要強姦那個女的，請把男的按強姦罪抓起來。

劉備覺得很奇怪：你怎麼知道？你能未卜先知嗎？

簡雍說：因爲他有強姦的工具。既然有釀酒的工具就算釀酒罪，那有強姦的工具當然應該算強姦罪。這不是您自己的邏輯嗎？（彼有其具，與欲釀者同）

劉備聽了哈哈大笑，知道剛才那個案子判錯了，簡雍這在諷刺我呢，趕緊找人糾正過來。這個案子是正好有簡雍及時糾正，沒有鬧成冤假錯案，那別的案子呢？荊州、益州兩個大州幾百萬人口，劉備一個人怎麼管得過來呢？

所以，劉備集團亟需制定一部新的法律，以做到有法可依。在這樣的背景下，諸葛亮主持制定了《蜀科》。

問題不是法律怎麼寫，而是現實怎麼做

根據《三國志．伊籍傳》記載：劉備攻占成都以後，由諸葛亮領銜，和法正、劉巴、李嚴、伊籍五個人共同制定了一部法典，這部法典史稱《蜀科》。

科，是漢朝的一種法律形式，效力位階比較低。如果說漢朝的律，相當於今天最高權力機關制定的法律，效力最高，那麼科充其量相當於行政機關制定的法規和規章。

爲什麼諸葛亮不直接制定一部《蜀律》呢？

因爲漢朝還在。

漢獻帝雖然是曹操手上的傀儡，但名義上畢竟是大漢天子。你要制定律令，必須得到皇帝的批准。皇帝控制在曹操手裡，諸葛亮當然不可能制定一部法律，然後再用快遞送到洛陽去給曹操批准，那永遠不可能被批，所以乾脆用了一個變通的辦法，制定效力位階比較低的科，一方面仍然承認漢朝的法統，另一方面也爲劉備集團提供了一部基本法。

中國的問題，往往不在於法律上怎麼寫，而在於現實中怎麼做。所以大家不要以爲法律

制定出來就完事了，那就太天眞了。眞正的麻煩還在後面。

《蜀科》制定完成以後，法正又來找碴了。

法正雖然是《蜀科》的立法者之一，但是他沒有把立法當回事兒。他覺得，一個政權建立了，肯定要制定法律嘛，這是一個面子工程。法律制定出來以後，擺在一邊裝裝樣子就行了，我該怎麼著還怎麼著，我是功臣我最大，誰敢管我？

沒想到，諸葛亮對《蜀科》的執行非常認眞。以前是無法可依，所以放你一馬，現在有法可依了，那我就要執法必嚴、違法必究。以前沒有《蜀科》，劉備、諸葛亮如果懲辦法正，有派系鬥爭、打壓本土勢力的嫌疑，會引起益州人的不滿；現在有了《蜀科》，法正再往槍口上撞，那就不是諸葛亮和法正過不去，而是法正和國法過不去了。所以諸葛亮嚴格執法，不用再顧慮政治矛盾的問題。

法正被限制得很痛苦，沒有辦法快意恩仇了，他決定來找諸葛亮吹吹風。

法正是個聰明人，他不會傻乎乎地跟諸葛亮說：你執法太嚴格了，搞得我都沒辦法違法犯罪了。要不你睜隻眼閉隻眼，讓我繼續胡作非爲？這樣諸葛亮肯定不同意。所以法正拿出一個歷史典故，跟諸葛亮講道理。

法正說：以前劉邦打天下，和關中父老約法三章，把秦朝那些嚴酷的法律都給廢除了，這樣一來得到了民心。現在您和主公剛剛進入益州，也應該學學劉邦，不要搞得這麼嚴。

諸葛亮明確反對。他說：你只知其一，不知其二。秦朝末年，法律太嚴，所以劉邦要矯之以寬；劉璋做益州牧的時候，爲人暗弱，法律太寬，所以我現在要矯之以嚴。「爲治之要，於斯而著」，治理的關鍵，就在於此。

法正被駁得啞口無言。

立法寬而執法嚴，才是法治之道

那麼，《蜀科》的內容，是不是很嚴酷呢？根據我的研究，不是的。不管和漢朝比，還是和曹魏、孫吳相比，蜀漢立法都是最輕的。

先和漢朝比：同一個罪名——誣罔罪，也就是欺君罔上，史料所見漢朝官吏犯這個罪的有七個人，其中兩個人腰斬，兩個人死在牢裡，一個人自殺，剩下的全都斬首，可見誣罔在漢律中是死罪。

那麼蜀漢呢？蜀漢的李嚴犯過「誣罔」罪，結果是「廢、徙」，廢就是革職，徙就是遷徙到邊遠地區，比漢律要輕得多。

再和曹魏比：三國時期，最重的刑罰就是夷三族，也就是滿門抄斬。根據法律史名著《九朝律考》統計，曹魏使用「夷三族」的刑罰至少有十五例，而蜀漢只有一次，就是殺魏延的時候，但那是在諸葛亮死後使用的，有政治鬥爭的嫌疑。諸葛亮生前處罰犯人，從來不搞連坐。由此可見《蜀科》比魏律要輕得多。

再和孫吳比：孫吳的刑罰在三國之中最爲嚴酷，發展到後期，有剝面皮、挖眼珠、用燒紅的鋸子鋸斷人頭等等酷刑。而蜀漢呢？連砍手砍腳這樣的肉刑都沒有，打二十大板，都要諸葛亮親自過問，可見刑罰之輕。

那麼，爲什麼法正會認爲諸葛亮太嚴呢？

因爲諸葛亮推行法治的特點是：立法寬而執法嚴。立法寬，就可以給人以生路，以免陷入法網；執法嚴，才能夠嚴厲打擊鋌而走險者，體現法律的威懾力。

《三國志》借孟子的一句話評價諸葛亮，叫「以生道殺人，雖死不忿」，諸葛亮的法治之道，目的不在於殺人，而是爲了活人，所以即便有犯法的人遭到處置，也是咎由自取，沒有怨恨之心。這就是諸葛亮所謂的「爲治之要，於斯而著」。

在諸葛亮的悉心治理之下，劉備集團蒸蒸日上。劉備一看後方穩固了，乾脆率領軍隊北上，跟曹操爭奪漢中。那麼，在漢中之戰中，諸葛亮扮演了怎樣的角色呢？諸葛亮隆中對和依法治蜀的大政方針，在推行的時候又遭遇了什麼樣的困難呢？

第十二章 漢中稱王

公之託身先主也，非信先主之可為少康、光武也，恥與荀彧、郭嘉見役於曹氏，以先主方授衣帶之詔，義所可從而依之也。上非再造之君，下無分猷之士，孤行其志焉耳。

明 王夫之《讀通鑑論》

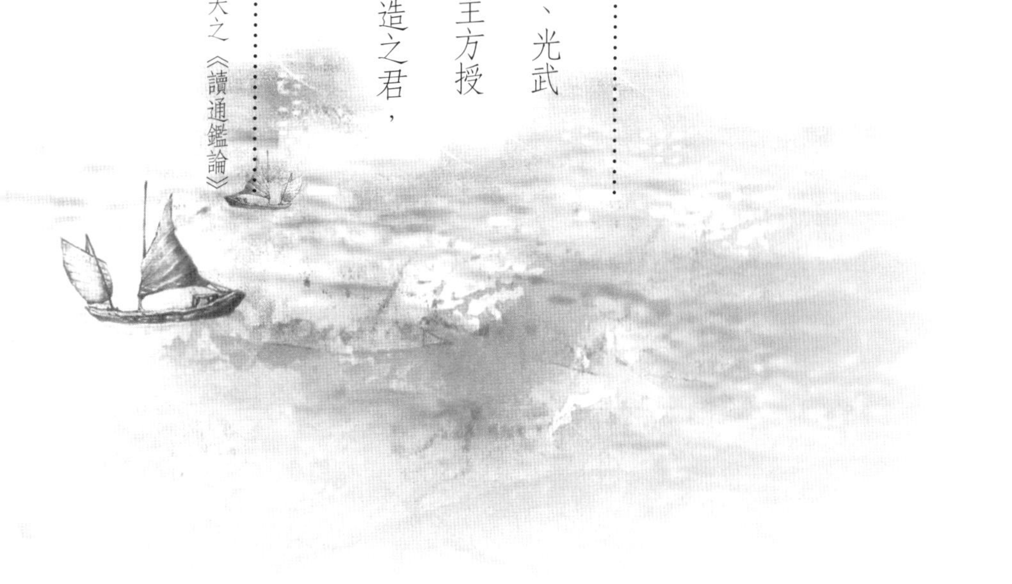

謀士與大臣的區別

諸葛亮制定《蜀科》，依法治蜀，取得了良好的效果。《三國演義》中，劉備在四川站穩了腳跟，就帶著軍師諸葛亮和老將黃忠北上，跟曹操爭奪漢中。諸葛亮一看，黃忠年紀大，是一員老將，就故意用了一個激將法，說敵將多麼多麼厲害，你老黃忠不要冒險出戰，萬一在戰場上腰酸背痛腿抽筋，不是鬧著玩的。黃忠一生最不服老，被諸葛亮一激，氣得不行。

京劇名段《定軍山》裡面，黃忠跟諸葛亮立下軍令狀：「只要黃忠一騎馬，匹馬單刀取定軍。十日之內得了勝，軍師大印付與我的身；十日之內不得勝，願將老頭掛營門！」結果，黃忠在定軍山斬殺曹營名將夏侯淵，一戰成名，一舉拿下了漢中。

這些故事，都是小說和戲曲的虛構，熱鬧歸熱鬧，不是眞的。實際上，劉備打漢中帶的不是諸葛亮，帶的謀士是法正。黃忠斬殺夏侯淵的著名戰鬥，也是法正一手策畫的。

法正確實有他的獨到之處，他的反應非常敏捷，善於打破常規，這一點即便諸葛亮也自嘆弗如。

比如說，在漢中戰場上，有一次處於下風，形勢非常危急，大家都勸劉備撤退。劉備當時殺得性起，眼睛都紅了，堅決不肯撤退，一個勁兒衝在前面。法正一看，立刻衝得比劉備還遠，突進到槍林彈雨之中，好幾次眼瞅著差點被飛箭射中。把劉備看得膽戰心驚，連連喊叫：你快走！法正說：您都親當矢石，我怎麼能走？劉備不得已，說：我們一起走！（《三國志．法正傳》注）這份看透人心、利用人性的機智，確實是非常高明的。所以漢中之戰後，曹操聽說是法正給劉備出的主意，就感慨了一句：我就知道，單憑劉備，是打不出這麼漂亮的仗的，背後肯定有高人指點。（吾故知玄德不辦有此，必爲人所教也）

法正擅長計算人心，這是一個職業謀士之所爲；而諸葛亮擅長培固國本，這才是大臣之體。兩人各司其職，才能帶來劉備集團的活潑局面。

那麼，漢中之戰的時候，諸葛亮在幹什麼呢？

人事工作，險於軍事鬥爭

中國古代打仗有個規矩：君主出征，太子監國；如果太子還小呢，那就一把手出征，二把手監國。所以劉備在前線打仗的時候，諸葛亮在留守成都。那麼，諸葛亮留守成都期間，幹了些什麼呢？他主要做了兩件事情：

第一，足食足兵。

《三國志．諸葛亮傳》說：「先主外出，亮常鎭守成都，足食足兵。」足食足兵，就是為前線的劉備提供充足的糧食和兵員，這是中國古代為政之道的頭等大事。《論語》記載，子貢問孔子：治理一個國家，最重要的是什麼？孔子說：「足食，足兵，民信之矣。」為政最重要的三件大事，一是足食，二是足兵，三是讓老百姓信任政府。劉邦打天下的時候，就由蕭何在後方足食足兵，所以漢朝建立以後論功行賞，蕭何排名第一。劉備外出打仗，諸葛亮足食足兵，由此可以看出諸葛亮在劉備集團中的地位。

第二，凝聚人心。

劉備集團，是一個新成立的政治集團，人員構成很複雜。有一開始就跟著劉備混的老跟班，比如關羽、張飛；有原先益州劉璋的手下，比如法正、劉巴；還有後來投降的新進人員，比如馬超。這麼複雜的人員構成，肯定會存在種種矛盾和衝突，需要一一化解，從而凝聚人心。這種人事工作，非常繁瑣，既需要高超的智慧和情商，而且需要心細如髮。劉備手下，唯一具備這些素質的人，就是諸葛亮。舉兩個例子。

第一個，是馬超和關羽的矛盾。

馬超是涼州的名將，打仗非常厲害，一度把曹操逼到了絕境。後來馬超兵敗，投靠劉備，並且親自帶兵直逼成都城下，嚇得劉璋舉白旗投降。劉備當然非常高興，給馬超加官進爵，把馬超的地位抬得很高。

關羽聽說以後，就不服氣。關羽在劉備手下資歷最老，武功最強，地位最高。現在馬超來了，關羽就想：你是不是要挑戰我「一哥」的地位啊？就給諸葛亮寫了一封信，「問超人才誰可比類」，馬超這個人，可以和誰相比？其實關羽的言外之意就是，馬超能不能跟我比？

這封信，很不好回覆。諸葛亮要是回信說：馬超當然比你強了。你當年被曹操俘虜過，馬超呢，把曹操打敗過，你自己說你倆誰強？那就把關羽給得罪了。諸葛亮要是說：馬超哪能跟您比呢？您是關二爺呀，馬超他才排老幾呀？那就把馬超給得罪了。弄不好，裡外不是人。

諸葛亮怎麼說的呢？他知道關羽性格高傲，心眼又小，所以回信說：馬超兼資文武、雄烈過人、一世之傑，可以跟張飛並駕齊驅。他首先充分肯定了馬超，而且說馬超可以與張飛相比。張飛和關羽一樣，都是老革命，兩個人不相上下，這個評價對初來乍到的馬超來講，不可謂不高。

接下來話鋒一轉：「猶未及髯之絕倫逸群也」，髯，就是大鬍子，關羽的鬍鬚長得很漂亮，後世號稱「美髯公」，所以諸葛亮用「髯」來指代關羽：馬超雖然這麼厲害，但是還比不上大鬍子。這是一句雙關語：在關羽看來，表示馬超比不上我關羽；在別人看來，也可以理解為：馬超別的方面都很強，唯獨比不過你的鬍子。一封信，輕輕巧巧地化解一場矛盾於無形。

工作到位，死硬派也能化敵為友

第二個，是劉巴和劉備的矛盾。

劉巴，是劉備的死對頭，這個人非常有個性。他本來是劉表的手下。劉表死後，老部下都投靠了劉備，只有劉巴例外。劉巴很討厭劉備，覺得劉備假仁假義，別人都吃你那一套，我偏不。所以劉巴孤身一人北上，投降曹操。

曹操當時正要打赤壁之戰，躊躇滿志，就對劉巴說：我現在要南下統一全國，你是湖南人，對湖南應該很熟悉，那麻煩你到湖南一帶幫我做敵後工作，安撫人心。等我打下了湖北，再去接應你。

所以劉巴就跑到了湖南。結果曹操話說大了，誰也沒有料到，赤壁之戰曹操輸了，劉備占領了湖北。劉巴一看，回不去了。諸葛亮知道劉巴是個人才，專門給他寫了封信，說劉備雄才蓋世，希望你能前來投奔；更何況你也已經回不去了，就別多想了，乾脆就來投靠我們。

劉巴偏不，北方回不去了，他就往南跑。劉巴的計畫是：先跑到廣西，再從廣西繞道貴州，再從貴州北上進入四川，想要迂迴跑到曹操那裡。沒想到劉巴千里迢迢跑到四川的時候，正好劉備攻占成都，俘虜了劉巴。劉巴實在沒轍了，這可能就是傳說中的緣分吧！只好投降劉備。

劉備手下有個大將張飛，很仰慕劉巴，覺得你這個人很有才華，而且又這麼有性格，我很喜歡，就上門拜訪劉巴。沒想到劉巴一句話沒理他，正眼都沒瞧他一下，把張飛給氣跑了。

諸葛亮聽說以後，來勸劉巴：張飛雖然是個武將，但他很仰慕你，所以才來拜訪你，你怎麼不理他呢？你哪怕裝裝樣子呢？

劉巴說：大丈夫處世，當與四海之英雄交往，怎麼能跟一個當兵的廢話呢？

劉備聽說這件事情以後，氣得不行，牙根癢癢，恨不得弄死劉巴。諸葛亮勸劉備：「運籌於帷幄之中，吾不如子初遠矣。」劉巴字子初，諸葛亮說運籌帷幄，我遠遠比不上劉巴，所以您做為君主要有容人之雅量，用人之長，避人之短。劉備這才咬碎鋼牙，勉強嚥下了這口惡氣。

果然，劉巴很快就開始發揮作用了。劉備當年打成都的時候，為了激勵士氣，說：「各位加油，打下成都以後，國庫裡的金銀財寶任你們拿！」反正是拿劉璋的財富做人情，也不心疼。沒想到，劉璋主動投降了，士兵們進了成都，爭先恐後搶國庫，攔都攔不住。等劉備好不容易喊停，國庫裡面一個子兒都沒剩下，全空了。沒有軍費，怎麼辦？劉備來請教劉巴。劉巴說：這太簡單了，你造一批大面額的銅幣發行到市面上去流通，國庫一下子就可以滿了。劉備依計而行，果然見效。不僅如此，後來劉巴參與制定《蜀科》，為蜀漢政權的法制建設也做出了很大的貢獻。

正是因為諸葛亮在後方足食足兵、凝聚人心，所以劉備能夠免除後顧之憂，順利攻占漢中，實力達到了頂峰。借此機會，諸葛亮決定親自操盤，助推劉備更上一層樓。

君臣楷模背後的不和諧

諸葛亮不失時機地組織文武百官，擁戴劉備為漢中王。諸葛亮在這個時候擁戴劉備為漢中王，有兩層意義：

第一層意義：對抗曹操。

漢朝初年，劉邦曾經殺白馬立誓：不是姓劉的，不能稱王；如果有誰違背誓言，天下共誅之。東漢末年，曹操悍然違背漢朝祖制，自稱魏王，成爲當時天下唯一一個諸侯王。諸葛亮擁立劉備爲漢中王，就是爲了對抗曹操，一方面向天下人表明正統在我這兒，姓曹的稱王，違反漢朝制度，是假王，我姓劉的稱王才是名正言順的正宗諸侯王；另一方面，也是爲了給曹操施加壓力，你不要輕舉妄動，不要想廢掉漢獻帝自己稱帝，你如果由王稱帝，我也可以由王稱帝，到時候看民心向著誰。

第二層意義：效仿劉邦。

爲什麼劉備拿下成都，不自稱蜀王，而要等到奪取漢中，再自稱漢中王呢？這是在效仿漢朝的開國皇帝劉邦。劉邦當年，就是被封到漢中，做了漢王，然後一步一步進取，以弱勝強，打敗了不可一世的西楚霸王項羽，建立漢朝。現在諸葛亮擁立劉備爲漢中王，也是爲了以漢朝的龍興之地——漢中爲根據地，以弱勝強，打敗不可一世的曹操。

所以說，漢中稱王是劉備和諸葛亮通力合作的階段性成果，表明當年隆中對的戰略是成功的。但是在成功的背後，也有一些不盡如人意的地方。

當年諸葛亮出使東吳，孫權覺得諸葛亮是個人才，想要把他留下來，就派人打探諸葛亮的口風：我家主人孫權很看好你，你肯不肯留在東吳呢？諸葛亮說：「孫將軍可謂人主」，孫權可以說是個非常優秀的領導，「然觀其度，能賢亮而不能盡亮，吾是以不留」，但是我看孫權的度量，他能夠把我當普通人才看待，卻不能給我提供一個充分發揮的舞台，所以我不會留下來。

那麼劉備能不能「盡亮」呢？能不能給諸葛亮提供一個充分發揮的舞台呢？客觀來講，劉備當年能夠以左將軍、豫州牧之尊，三顧茅廬，去請一個無名小卒，並且能夠大體按照諸葛亮的規畫來走，已經算是非常難能可貴了。但是，劉備有他自身的局限性，在劉備的手下，諸葛亮是沒有辦法完全施展他的抱負的。

劉備的局限性就在於：他的格局不大，層次不高。

前面講過，劉備年輕的時候不喜歡讀書，是個不良少年。長大以後，帶著一幫死黨們輾轉流竄於各地，沒有一個安身之處。現在短短幾年突然之間擁有了一百萬平方公里的土地，一百萬人口的臣民，成了一個暴發戶。劉備沒有辦法在這麼短的時間內適應現狀，他還是用老的一套管理辦法。清代史學家趙翼指出：三國的用人方式各不相同，各有各的特色，「曹操以權術相馭，劉備以性情相契，孫氏兄弟以意氣相投。」（《廿二史劄記》）「以性情相契」，從正面理解，是說劉備以感情相處，情深意長，這是劉備的魅力所在；從反面理解，是說劉備喜歡感情用事，沒有辦法徹底依法辦事。

舉個例子。劉備入川的時候，還沒和劉璋決裂，兩個人一起喝酒。劉備看到劉璋手下有個人叫張裕，一臉大鬍子，把嘴都遮上看不見了。劉備覺得這個人長得很好玩，就開玩笑，說：我是河北涿縣人。我們那兒很多姓毛的，整個涿縣東南西北都是姓毛的，我們縣令就說了一句話：「諸毛繞涿居乎！」

劉備在這裡玩了個文字遊戲：涿縣的涿和啄木鳥的啄同音，啄，就是嘴的意思。劉備這句話是在諷刺張裕：「諸毛繞涿居乎」，你繞著嘴全是毛，你一嘴毛，長得眞有意思。

沒想到張裕也不客氣：你敢諷刺我的長相，你以爲你就長得好？就也給劉備講故事。張裕說：以前潞縣有個縣長，後來被任命到你們涿縣當縣長去了。他剛剛從潞縣的位置上退下來，還沒有到涿縣上任，路上碰到熟人了。熟人心想，我該怎麼叫你呢？我是叫你潞縣長好呢，還是叫你涿縣長好呢？嗨，乾脆合一塊兒，我就叫你「潞涿君」！

張裕也玩了個文字遊戲：潞諧音露，露在外面；涿諧音啄，嘴巴。潞涿君（露啄君），就是把嘴巴都露出來了。爲什麼露出來呢？因爲你嘴上沒毛，整張嘴都露在外面。

張裕爲什麼這麼說呢？因爲根據史書的記載，劉備不長鬍子，所以張裕以此來反唇相譏。（先主無鬚，故裕以此及之。）這個罵得狠了，等於罵劉備是太監。所以劉備當時就恨得慌，等益州打下來以後，找個藉口就把張裕給殺了。

諸葛亮覺得你怎麼能隨便殺人呢？我現在正在推行法治，你做為領導，應該以身作則，現在卻帶頭亂殺人，影響太壞了。就來當面請問劉備：張裕究竟犯了什麼罪，你為什麼要殺他？

劉備這時候咬牙切齒，恨得牙癢癢，但又不好說是因為當年他諷刺我是死太監，所以只好說：「芳蘭生門，不得不鋤。」一朵蘭花長得再好看，但如果長在大門口，影響進出，那也不得不除掉。意思是，張裕雖然有才，也沒什麼大錯，但就是礙著我眼了，所以必須除掉。

劉備既然這麼說，諸葛亮也沒有辦法。

要法治，還是要兄弟

不光是劉備本人，劉備的幾個老兄弟也很任性。

比如張飛，張飛是老革命了，又是劉備的老鄉，早年間跟著劉備打天下，資格最老。張飛有個毛病：「刑殺過差」，手下人犯了罪，張飛處罰他們的時候，一定重於法律的規定。法律規定打二十大板，張飛要打四十大板；法律規定打四十大板，張飛可能直接給槍斃了。張飛有他自己的考慮，我從來就是從嚴治軍，所以可以保證軍隊的紀律性和戰鬥力。但是這種作法，和諸葛亮依法治蜀的大政方針是背道而馳的。劉備也勸過他，張飛不聽，那諸葛亮就更管不著了。

更嚴重的是關羽。

當年劉備入川，本來是讓諸葛亮留守荊州。龐統中道夭折，這才呼喚諸葛亮入川助力，而留關羽鎮守荊州。這份責任，不可謂不重。荊州處於天下之正中，西面是劉備，北面是曹操，東面是孫權，矛盾錯綜複雜。按照諸葛亮的〈隆中對〉，荊州守將要執行兩項任務：

第一，東和孫權，因爲荊州和孫權的揚州接壤，你做爲荊州守將，必須要承擔重要的外交職能。

第二，北伐曹操，〈隆中對〉裡說，等到「天下有變」的時候，派一員上將從荊州北伐，同時劉備從西路的益州北伐，聯絡孫權從東路的揚州北伐，三路出擊，可以一舉消滅曹魏，興復漢室。這裡說的一員上將，就是指的荊州守將，現在就是指關羽。

但是，關羽是一個頭腦比較簡單的武夫。他在荊州期間，不懈的努力，把諸葛亮交代的兩項任務全給搞砸了。

首先是東和孫權。

孫劉聯合不光是劉備一方的需要，對於孫權也有好處，所以孫權就想我得到荊州去跟關羽搞好關係，誰讓人家跟我挨著呢？就派人到荊州找關羽說媒：我有個兒子不錯，你女兒呢也是將門虎女，咱們兩家門當戶對，乾脆結爲親家，不知將軍你意下如何？

沒想到關羽反應很激烈，「罵辱其使，不許婚」，誰跟你門當戶對？我呸！把媒人給罵回去了。你說人家提個親，你不同意就不同意吧，可以好好說，幹嘛要罵人呢？罵人多不文明呀。這樣一來，孫權感到受了很大侮辱，心裡留下了疙瘩。東和孫權這一項任務，就搞砸了。

其次是北伐曹操。

諸葛亮說要等到天下有變，再去討伐曹操。所謂「天下有變」，我估計是等曹操死的時候。因爲曹操比諸葛亮大二十六歲，比劉備還要大六歲，從自然壽命來看，應該死在前面。等曹操一死，北方群龍無首，正好三路出擊。沒想到，關羽不看這些。關羽仗著自己能打仗，他一看，我大哥劉備都已經做漢中王了，我得打下一塊地盤來做爲賀禮。所以就擅自率領軍隊北伐。

從這一刻算起，關羽距離他的死亡，只剩下幾個月的時間；曹操距離他的死亡，只剩下半年；劉備距離他的死亡，也只剩下四年而已。劉備之前，引發了歷史上著名的「白帝託孤」事件。那麼，劉備之死究竟是怎麼一回事？「白帝託孤」的那個夜晚究竟發生了什麼？

第十三章 白帝託孤

蜀主窺吳幸三峽，崩年亦在永安宮。
翠華想像空山裡，玉殿虛無野寺中。
古廟杉松巢水鶴，歲時伏臘走村翁。
武侯祠堂常鄰近，一體君臣祭祀同。

唐 杜甫《詠懷古跡》

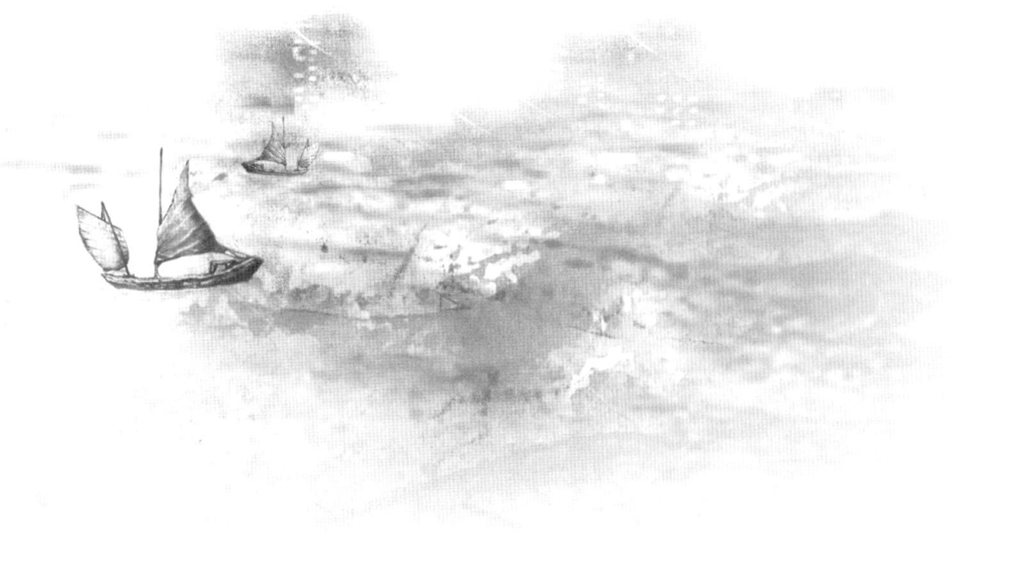

歷史進入三國時代

諸葛亮的一生，有兩個轉捩點。

第一個轉捩點是三顧茅廬，讓他從隱居走向出仕。

第二個轉捩點是白帝託孤，讓他從幕後走向台前。現在就來講白帝託孤。

所謂「白帝託孤」，是劉備臨死之前，在白帝城把自己的兒子劉禪託付給諸葛亮。前面講到，劉備自稱漢中王，正當春風得意，爲什麼突然之間就快死了呢？劉備的首都在四川成都，白帝城在重慶奉節，爲什麼劉備沒有死在成都，卻死在了重慶呢？

這一切，要從關羽北伐說起。劉備自稱漢中王以後，荊州守將關羽自作主張，率領軍隊北伐曹操。但是關羽這個人，性格高傲，沒有處理好盟友關係，把孫權給得罪了。孫權一看關羽北伐，後方空虛，那我正好乘虛而入！就聯合曹操，偷襲荊州，把關羽給殺死了。

最具有諷刺意味的是，關羽死後不到一個月，曹操病死，享年六十六歲。諸葛亮在〈隆中對〉裡預言的「天下有變」的最佳時機已經到來。但是，荊州丟失了，關羽戰死了，孫權叛變了，天時來了，地利、人和全跑了，劉備、諸葛亮多年來的苦心經營毀於一旦。眼睜睜看著機會來到了面前，卻沒有能力去抓住，諸葛亮當時的痛苦和惆悵，可想而知。

曹操死後，他的兒子曹丕覺得時機已經成熟，就別再遮遮掩掩的了，乾脆自己來做皇帝吧。就在公元二二〇年廢掉了漢朝的末代皇帝漢獻帝，正式稱帝，國號魏，史稱曹魏。歷史在這一年，正式進入了三國時代。

曹丕稱帝的消息傳到成都，諸葛亮第一時間採取了針鋒相對的措施，在公元二二一年率領群臣擁立劉備爲皇帝，國號漢，史稱蜀漢。諸葛亮成爲了蜀漢的開國丞相。

諸葛亮爲什麼要在這個時候，這麼著急擁立劉備做皇帝呢？

一來，是爲了對抗曹魏，你做的皇帝是假皇帝，是謀朝篡位，我們的皇帝才是眞命天子，接續了大漢正統。

二來，是爲了轉移矛盾。劉備和關羽兩個人感情非常好，恩若兄弟、情同手足。所以自從關羽死後，劉備一直念念不忘，一心想要找孫權報仇雪恨。但是諸葛亮非常清楚：你怎麼能打孫權呢？現在天

唐代閻立本《歷代帝王圖》中，有現存時代最早的劉備畫像。雖然表現了劉備稱帝時的赫赫威儀，但與史籍所云「先主無鬚」的描寫不符。

下三個國家，魏、蜀、吳，其中魏國最強大，蜀和吳只有聯起手來才能勉強抵抗曹魏，求得一線生機。如果你內部窩裡鬥，那曹丕正好坐收漁翁之利。所以諸葛亮在這個時候擁立劉備爲皇帝，就是爲了提醒劉備：關羽的仇是私仇，曹魏篡漢之仇才是國仇。當此國仇家恨的關鍵時刻，你不要頭腦發昏，你要冷靜下來，好好斟酌一下，究竟誰是我們的敵人，誰是我們的朋友。

遺憾的是，諸葛亮的用心良苦並沒有起作用。

從劉備的角度來看，他這次稱帝並不痛快，因爲稱帝的形勢很不好。

劉備今年六十一歲。與他拚了半輩子的曹操，去年死了。三十

位於長江南岸飛鳳山麓的張飛廟，後為了興建三峽大壩而向上搬移。

多歲的孫權和曹丕在他看來，都不過是晚輩而已。做爲劉備半輩子的老對手，曹操的死令劉備感到一種寂寞。

而做爲劉備半輩子的好兄弟、好助手，關羽的死令劉備心底的仇恨熊熊燃燒。

此仇不報非君子。

趙雲等一些重臣勸諫劉備，要認清對手，不要興師討伐孫權以破壞聯盟，劉備斷然拒絕。

你們根本不是關羽的兄弟，當然不懂得這種斷臂之痛！

諸葛亮噤聲了，他知道在這樣的情況下劉備只聽得進去一個人的話，這個人就是與關羽一樣擁有老資格的張飛。

可惜，一代名將張飛沒有機會再縱橫沙場了。他在出兵前夕被兩個部下暗殺，割取了首級做爲見面禮獻給孫權。

對於張飛之死，劉備沒有痛哭憤怒，只是蒼涼地感嘆了一聲：「噫，飛死矣。」然而諸葛亮明白，沒有人再能勸阻劉備。

梟雄末路

公元二二一年七月，劉備傾舉國之兵，討伐孫權。雙方主力在夷陵，也就是今天湖北宜昌發動戰爭，史稱「夷陵之戰」。夷陵之戰，孫吳大獲全勝，劉備全軍覆沒、慘敗而歸。蜀漢的事業，由此跌落到了谷底。

諸葛亮對於此戰的態度，耐人尋味。

《三國志》沒有記載諸葛亮對此次發動戰役有任何勸諫之詞，卻記錄了戰後諸葛亮的表態。劉備慘敗以後，諸葛亮在大後方得到消息，長嘆一聲：如果法正還活著，一定可以制止皇上東征；就算攔不住，也不至於輸成這樣啊！諸葛亮到底是什麼意思呢？

元代史家胡三省給《資治通鑑》作注釋時，說了三點推測：

第一，從這段事後諸葛亮的感嘆來看，諸葛亮肯定反對伐吳。

第二，諸葛亮不勸諫，是因爲劉備當時處於盛怒，喪失理智，即便勸諫也不會有效果，反而會沮喪軍心，何況當時元老宿將如趙雲等都勸諫了，沒有效果，所以不如不諫。

第三，諸葛亮也抱有一絲僥倖之心，覺得劉備從上游打下去，占據地利，應該不會輸。

從史料來看，胡三省的推測是有道理的。

劉備戰敗以後，駐紮在蜀漢邊境線上的魚復縣，也就是今天的重慶奉節。一場慘敗，終於讓劉備的頭腦冷靜下來。他下詔，把魚復改名爲永安，也就是永遠平安的意思。在馬上打了一輩子仗的劉備，現在終於不想再打仗了。

永安的縣政府所在地，叫做白帝城，是兩漢之交的軍閥公孫述所建。公孫述曾自稱「白帝」，故名。劉備住在白帝城的臨時行宮，開始反省自己的錯誤。既然這場錯誤的戰爭，是由我劉備發動的，那戰敗的責任就應該由我劉備來承擔。中國古代講究天子守國門、君王死社稷，現在孫權正在趁勝追擊，曹丕正要趁火打劫，所以劉備選擇了留在魏、蜀、吳三國交界處的永安，以一種絕不退讓半分的姿態，威懾魏、吳兩國，盡到一個天子的責任。

《三國志》評價劉備「折而不撓」，劉備是一隻小強，不管怎麼打敗仗，總能夠百折不撓、捲土重來。但是歲月不饒人，六十三歲的劉備惱羞成怒、急火攻心，一病不起，終於徹底倒下了。公元二二二年年底，劉備召輔漢將軍李嚴到白帝城，任命爲尚書令，總管內外事務。二二三年二月，劉備緊急召諸葛亮從成都星夜趕往白帝城，入永安宮交代後事。

百折不撓的一代梟雄，走到了人生的末路。

揮一揮衣袖，留給世間最後的謎題

諸葛亮來到病榻之前，看到昔日的一代梟雄已經病入膏肓、奄奄一息。在病榻前一起接受劉備託孤的，還有新任尚書令李嚴。李嚴是以前劉璋的手下，投降劉備以後，表現出了非常傑出的政治才幹，所以和諸葛亮一起接受託孤重任。

劉備強撐病體，對諸葛亮說：你的才能十倍於曹丕，一定可以安定國家、最終完成統一大業。這是劉備對諸葛亮才能的肯定，也是一般君主託孤時的套話。但是接下來，劉備說了一番話，意味深長，這也是「白帝託孤」的核心所在。

他說：「若嗣子可輔，輔之；如其不才，君可自取。」如果你覺得我兒子還行，那你就輔助他。如果你覺得他是扶不起的劉阿斗，那你就乾脆自己做皇帝得了。

即便是性格含蓄內斂的諸葛亮聽到這番話，也忍不住潸然淚下。

如今的劉備，一如十六年前三顧茅廬時，對自己信賴有加。當年君臣二人在襄陽隆中的草廬之中指點江山、談笑風生，共同商定三分大業。如今在白帝城的永安宮中，卻即將君臣永訣、人鬼殊途。諸葛亮泣不成聲，拜倒在地：臣一定竭盡全力輔佐幼主，忠心不二，除死方休！

隨後，劉備又給遠在成都的太子劉禪寫了一封遺詔，詔書上說：你今後要像對待父親一樣對待諸葛丞相。以上，就是歷史上著名的「白帝託孤」事件。

「白帝託孤」名垂千古、感人至深，同時也見仁見智、飽受爭議。一切爭議的源頭，都來自於劉備臨終前對諸葛亮說的那句話：「如其不才，君可自取。」這句話突破了一般的君臣倫理，是一句非常之言，所以引起了很大的爭議。

歷史上對「白帝託孤」的態度，以正面評價居多。《三國志》的作者陳壽就說劉備「舉國託孤於諸葛亮，而心神無貳，誠君臣之至公、古今之盛軌」，他認爲劉備託孤大公無私、信任無疑，是千古君臣的楷模和典範。清代史學家趙翼也說：劉備託孤「千載下猶見其肝膈本懷，豈非眞性情之流露」？這都是正面評價。

再看負面評價。歷史上的批評意見，概括起來講就是一句話：劉備託孤不是什麼「眞性情之流露」，而是帝王的權謀術。具體而言，有三種不同的意見：

第一種意見，試探諸葛亮的忠心。

這種意見認爲，劉備臨死之前，拿不準諸葛亮到底會不會忠心輔佐幼主，所以故意對諸葛亮說：我兒子腦子不行，是扶不起的劉阿斗，要不乾脆你自己來做皇帝？以此來試探諸葛亮的忠誠度。如果諸葛亮誠惶誠恐，說臣一定輔佐幼主、鞠躬盡瘁、死而後已，那劉備就可以安心去死了。如果諸葛亮說行啊，要不我試試？那劉備就得另外考慮後事的安排了，比如說弄死諸葛亮以除後患，或者換一個託孤對象。

第二種意見，騙取諸葛亮的忠心。

這種意見認爲，劉備爲了在自己死後，能夠讓諸葛亮全心全意地輔佐後主劉禪，所以就故意耍了一個花招。他故意把整個場面搞得非常悲情，聲淚俱下，連鼻涕都哭出來了，對諸葛亮說：你比我親兒子還親，乾脆你來做皇帝吧，我不把位子傳給兒子，我傳給你吧！結果諸葛亮被感動得稀里嘩啦，哭著說：你安心去吧，我一定好好輔佐幼主。劉備用婆娑的淚眼偷偷瞄了一眼痛哭流涕的諸葛亮，可能心裡面偷樂：歐耶！騙取忠心成功了！於是安心地死去。

第三種意見，逼出諸葛亮的忠心。

這種意見，和前一種差不多，區別在於，前面是在感動諸葛亮，這裡是在嚇唬諸葛亮。劉備說：要不你來做皇帝？諸葛亮一聽，嚇得誠惶誠恐：劉備怎麼這麼說呢？是不是在懷疑我啊？趕緊表忠心：您放心，我絕對效忠幼主。劉備聽到諸葛亮的表態，點點頭：嗯，這還差不多。就放心地去了。

這三種意見，有沒有道理呢？我覺得沒有道理。有人說，這都是陰謀論，把劉備看得太壞了。我倒是覺得，這三種意見的最大的問題，並不是把劉備看得太壞了，而是把劉備、諸葛亮看得太傻了。

你想，劉備是什麼樣的人物？劉備用人，眼光之毒辣，在漢末三國堪稱一絕，從來沒有看走眼過。他和諸葛亮共事這麼多年，諸葛亮是什麼樣的人，忠不忠心，劉備不知道嗎？用得著到臨死之前再來試探嗎？再說了，如果真被你試出來諸葛亮是個奸臣，你能騙取他的忠心嗎？你能逼迫他的忠心嗎？當然不能。我們來看一個反面的例子：魏明帝曹叡託孤。

司馬懿版白帝託孤

魏明帝曹叡是魏文帝曹丕的兒子，曹操的孫子。他活了三十多歲就死了，非常年輕。曹叡臨死之前也想託孤，託給誰呢？託給老臣司馬懿。當時魏明帝曹叡在河南洛陽首都，而司馬懿正在遼寧，在遼東半島那邊打仗，距離非常遠。如今事態緊急，曹叡已經快死了，必須立刻叫司馬懿回來。

古代人把一個人叫回來，什麼通訊手段最快？飛鴿傳書？快馬加鞭？這都不算最快的。曹叡用的什麼辦法呢？託夢。

史書記載，司馬懿在前線軍中打仗，做了一個夢，夢見曹叡讓他趕緊回去，他知道有事要發生，所以立刻率領大軍往回趕。趕到半道上，洛陽那邊果然也來人了，說皇上召你呢，你別跟軍隊一起慢吞吞地走了，我們給你準備了一輛「追鋒車」，跑得可快了，你先坐車回去吧！

司馬懿一路飆車，風馳電掣趕到洛陽，跑進了皇宮裡面，來到病榻之前。此時的曹叡早已經沒有一個人樣子了，形銷骨立，等於已經死了，沒有半點活氣。但曹叡一看到司馬懿來到病榻之前，趕緊一把握住他的手，迴光返照，對司馬懿說：我早在一個月以前就應該死了。你早來一天，我早一天死；你早來兩天，我早兩天死。我之所以忍到現在還不死，就是爲了等你的到來，我要託孤於你！

說完，曹叡喘息連連，凝聚起最後的力量，指著病榻之前一個八歲的小孩對司馬懿說：這就是太子，請你認認清楚，希望你能夠好好輔佐他。

然後曹叡又對太子說：這是老太尉，你上去摟抱他一下。

小太子就蹣跚地走到司馬懿的面前，一把摟住司馬懿的脖子，顯得非常親熱。司馬懿再也忍不住了，一手摟過孩子抱在懷裡，痛哭流涕、老淚縱橫，對曹叡說：皇上，您就放心吧！您忘了嗎？想當年您的父親曹丕，就是這樣把您託付給老臣的呀！現在您又把您的孩子託付給老臣，老臣一定忠心不二！

曹叡一顆吊著的心到這時候才終於放下，安心地去世了。

感不感人？太感人了！曹叡死後，司馬懿立刻發動政變，打擊曹氏宗親，把小皇帝控制在手裡做傀儡，掌握了曹魏的全部權力。等到司馬懿的兒子司馬師、司馬昭的時候，就把這個小孩給廢了，換了一個皇帝。等到司馬懿孫子司馬炎的時候，又廢掉了曹魏的皇帝，篡奪了曹魏的江山社稷，自己做了皇帝。

所以說，如果劉備託孤的對象也是司馬懿，不管你耍什麼花樣，就算眞的要把皇位傳給他，也不可能騙到他的忠心，只會是他騙到你的信任。現在劉備託孤的對象是諸葛亮，君臣之間心照不宣，非常默契。一句多餘的話都不用，只需要一個眼神，雙方就能夠明白對方的心意。所以我說這三種批評意見，都是站不住腳的。

那麼問題就來了：既然劉備對諸葛亮一句話都不用多說，就能夠心照不宣、非常默契，那劉備爲什麼還要冒天下之大不韙，何必要多此一舉說這句話呢？

我的答案是：劉備說這句非常之言，不是講給諸葛亮聽的。

那他是講給誰聽呢？

講給諸葛亮以外的人聽的，尤其是說給同在病榻之前接受託孤的李嚴，和遠在成都的太子劉禪聽的。

以前我們對「白帝託孤」的分析，主要著眼點是：劉備說這話，到底是眞心的，還是虛僞的？這種分析視角，意義不大。一來劉備已經死了，是眞是假只有他自己知道。我們後面的人只能猜測，猜來猜去猜不著。二來這種對個人道德品質的指摘，不符合中國傳統法文化評價一個君主的標準。

傳統法文化對君主的要求是四個字：法言法行。君主的一言一行，都要有立法的意義和效果，足以爲天下所取法，足以爲後世所效法，這才叫「法言法行」。陳壽評價白帝託孤，說這是「古今之盛軌」，什麼叫「軌」？軌就是軌道，引申義就是法則的意思。我們今天說一個人做壞事叫出軌、脫軌、圖謀不軌，就是這個意思。陳壽也認爲劉備的作法是一種法言法行。所以從這個視角再來分析白帝託孤，我們就可以發現：劉備託孤，表面上看，是道德高尚的表現，實際上卻是一次精心的制度安排。這個制度安排，分爲兩個層面：

第一層，讓諸葛亮、李嚴一正一副，接受託孤。爲什麼要託孤李嚴呢？因爲李嚴以前是劉璋的手下，代表了益州人的利益。法正死後，李嚴就是益州本土勢力的總代表。所以劉備讓他接受託孤，擔任一個副手，是出於派系平衡的考慮。

第二層，賦予諸葛亮至高無上的權力。中國人做官，權力的大小不完全取決於制度，不完全是由官位決定的。比如說中國歷史上那麼多宰相，官位差不多，但有的人權勢滔天，有的人勢孤力單，有的人則被架空了，只是一個花瓶而已，道理就在於此。所以說，中國傳統法文化既講究制度設計，更講究人事安排。制度和人事，缺一不可。

劉備讓諸葛亮、李嚴一正一副，共同輔政，這是制度設計；而劉備對諸葛亮說：我兒子要是不行，你自己來做皇帝，這是一個人事安排。劉備說這個話，不是說給諸葛亮聽的，而是爲了警告李嚴：你要擺正自己的位置。你不要以爲你和諸葛亮一正一副，共同接受託孤，好像你只比諸葛亮低了半級，實際上諸葛亮的權力遠遠大於你，他的權力大到可以廢立皇帝，你沒有這個權力，所以你不要有更多的非分之想。

此外，劉備專門給太子劉禪寫詔書，讓他像對待父親一樣對待諸葛亮，也是爲了確立諸葛亮在蜀漢政權至高無上的地位。

劉備爲什麼要賦予諸葛亮至高無上的權力呢？

因爲自從三顧茅廬以來，一直到白帝託孤爲止，劉備只要聽諸葛亮的，就成功，不聽諸葛亮的，就失敗。關羽之死、夷陵之戰，就是最慘痛的教訓。現在劉備快要死了，他擔心後主劉禪重蹈自己的覆轍，擔心其他大臣拖諸葛亮的後腿，難以讓他盡情地施展才華。爲了給諸葛亮一個更大的舞台，劉備在臨死之前作出了這樣精心的制度安排。

從後來歷史的發展可以看出，劉備的這個安排絕非心血來潮，而是深謀遠慮、卓有成效的。三國之中，魏國和吳國都曾經發生過非常慘烈的宮廷鬥爭和流血政變，有皇帝被殺，有皇帝被廢；唯有蜀漢，內部非常穩定，這就是最好的證明。

惠陵是蜀漢昭烈帝劉備的陵墓，在今成都武侯祠內。杜甫詩：「武侯祠堂常鄰近，一體君臣祭祀同。」劉備、諸葛亮，生前是魚水情深的君臣楷模，死後也成就了絕無僅有的君臣同祀。（何詩瑩供圖）

白帝託孤兩個月以後，也就是公元二二三年四月，劉備病逝於永安宮。五月分，劉備的遺體被運回成都。八月分，安葬於惠陵，也就是今天成都的武侯祠內。一代梟雄劉備，拚搏奮鬥一生，至此終於入土爲安。劉備可以安息了，而諸葛亮的奮鬥、諸葛亮的事業，卻才剛剛開始。「白帝託孤」之後的諸葛亮，將會如何收拾劉備留下的這副千瘡百孔的爛攤子呢？

成都武侯祠由武侯祠、漢昭烈廟及惠陵組成，最初建於公元223年修建惠陵（劉備陵寢）之時，後將武侯祠（諸葛亮的專祠）併入。

第十四章

攻心之戰

邊塞撥雲艱涉越，瘴煙蠻雨悲淒切。
驅兵直入不毛鄉，瀘水微茫中夜月。
妙算世間無復比，兼仁兼智矛鋒利。
擒縱南夷幾度驚，對君崇敬喚神明。

日 土井晚翠〈星落秋風五丈原〉

南中叛亂

公元二二三年，諸葛亮在白帝城接受劉備的臨終託孤，輔佐後主劉禪。杜甫有詩云：「三顧頻煩天下計，兩朝開濟老臣心。」其實諸葛亮接受劉備託孤的時候，還不算「老臣」，只有四十三歲，正當盛年。《三國志．諸葛亮傳》說，從這時候起，「政事無巨細，咸決於亮」，大大小小的事情，都由諸葛亮作主。皇帝劉禪呢，只是一個甩手掌櫃。諸葛亮現在擁有了在劉備時代所不可能擁有的至高無上的權力和廣闊無垠的舞台，諸葛丞相一生中最光輝奪目的時刻，就此拉開序幕。

開場大戲，就是老百姓耳熟能詳的「七擒孟獲」。

公元二二三年，劉備剛死，南中就爆發了大規模的少數民族叛亂。南中，在今天的雲南、貴州和川西南一帶，這個地方自古以來就是少數民族的聚居區。在漢朝以前，中原王朝的勢力範圍到不了這個地方，所以這裡由許多少數民族首領管轄，當時稱之為「西南夷」。

漢武帝的時候，派了個使者出使南中。當時南中最大的兩個國家，一個叫滇國，一個叫夜郎國。滇國的國王接見漢朝使者，就問：「漢孰與我大？」聽說你們漢朝很大，那有沒有我們滇國大呢？漢朝的使者覺得很為難，碰上一個地理白癡，只好拿出地圖來給他掃盲：你看，這地圖上全是我們的，你們在這兒，勞駕您自己看吧，哪個大。我實在沒臉告訴您。

到了夜郎國，夜郎王又問：「漢孰與我大？」漢朝使者沒辦法，只好再掃一次盲，嚴重地戳傷了夜郎王的自尊心，刷新了他的三觀。這就是「夜郎自大」的典故。後來漢武帝在南中設置了郡縣，從此以後，南中就成爲中國領土不可分割的一部分。東漢末年，天下大亂，南中這個地方，天高皇帝遠，當地的部落首領心懷異心，又想搞分裂。後來劉備、諸葛亮入主四川，建立蜀漢。南中名義上服從蜀漢的統治，實際上仍然保持一種半獨立的狀態。現在劉備一死，叛亂就公然爆發了。

叛亂的領袖有兩個人，一個是漢族人，叫雍闓；一個是蠻族人，叫孟獲。

雍闓是南中地方上的一個土豪，他一心想著要趁天下大亂，做南中的土皇帝。所以雍闓就去煽動當地的少數民族首領孟獲，說跟我一塊兒造反。

當地的老百姓不答應，覺得蜀漢的統治好好的，我們在這裡安居樂業，爲什麼要造反？

雍闓就騙他們，說：中央最近下來一道聖旨，要你們上交貢品。

老百姓問：那進獻貢品就進獻唄，這有什麼大不了的？

雍闓說：這次的要求很苛刻。首先，要三百條黑狗，渾身烏黑，一根雜毛都不能有，你交得出來嗎？還要你們上交三斗蟎腦——蟎腦據說是蟒蛇的腦子，蟒蛇智商那麼低，腦子那麼小，要湊滿三斗非常困難，也有人說螞腦就是瑪瑙，很珍貴，總而言之要湊齊三斗是不可能的——三斗螞腦，你有嗎？還要三丈高的斫木三千根——斫木是當地一種非常堅硬的木頭，頂多長到兩丈高，不可能有三丈——三丈高的斫木要三千根，你找得到嗎？你們能湊齊這些東西，你們就交上去；湊不齊的話，漢族的官員就要來打你們，殺你們。

當地老百姓一想，這些東西上哪弄去啊？乾脆造反吧。所以叛亂就爆發了。

中國自古以來民族和民族之間的矛盾，很少眞正是因爲不同文化之間發生了不可調和的衝突，而往往是地理上的距離、語言上的障礙造成溝通不暢，南中叛亂也是如此。

攻心，民族政策的不二法門

南中發生了叛亂，怎麼辦呢？諸葛亮決定先禮後兵，先給雍闓寫封信招安。誰來寫這封信呢？李嚴。李嚴是益州本土人士的總代表，曾經和諸葛亮一起接受劉備託孤，現在是蜀漢的二號首長，在當地說話很有分量。所以，諸葛亮讓李嚴給雍闓寫信，勸他懸崖勒馬，歸附朝廷。李嚴很賣力地給雍闓連寫了六封長信，苦口婆心勸說。雍闓卻只回了一張紙，上面寫著寥寥數語：現在天底下有魏蜀吳三個朝廷，我很困惑，不知道歸附哪個朝廷，所以乾脆我自己起來建立第四個朝廷（今天下鼎立，正朔有三，是以遠人惶惑，不知所歸也）。態度極其囂張。

諸葛亮一看，沒辦法了，文的不管用，那只能動用武力。公元二二五年五月，諸葛亮率領大軍渡過金沙江，正式打響了南中平叛之戰。

當時諸葛亮手下有個參謀，叫馬謖，年輕有爲、足智多謀。他從成都一路送諸葛亮出征，送了幾十里地，還在跟著走。諸葛亮說：送君千里終須一別，你別送了，回吧。

馬謖說沒事兒，我再送送您。

諸葛亮覺得這不對啊，你是覺得我回不來了還是怎麼回事兒？依依不捨的，是不是有話要說啊？

馬謖說：沒錯。您這次去平叛，打勝仗不難，難的是你一打，他投降了，你一走，他又造反了。你要說我把少數民族全給殺完，他就不造反了，一來不現實，二來這不是「仁者之情」，不符合我們仁義爲本的立國之道。

諸葛亮說是啊，我也正愁呢，那怎麼辦？

《三國志》注引《襄陽記》記載，馬謖告訴諸葛亮一個祕方：「夫用兵之道，攻心爲上，攻城爲下，心戰爲上，兵戰爲下，願公服其心而已。」用兵之道，攻打城池是下策，戰勝對手的內心才是上策；用軍隊去打仗是下策，將心比心、以心換心、用心攻心，才是上策。所以，我希望您能夠讓對手「心服」。

諸葛亮一聽，恍然大悟：我明白了，您請回吧。

「攻心」，是諸葛亮民族政策的不二法門、精髓所在。根據史書記載，諸葛亮以「攻心」爲指導思想，折服了少數民族首領和當地老百姓的心。所以諸葛亮撤軍之後，南中再也沒有發生叛亂。

清朝人趙藩在武侯祠寫了一副對聯，史稱「攻心聯」，上聯是：「能攻心則反側自消，從古知兵非好戰」，下聯是「不審勢即寬嚴皆誤，後來治蜀要深思」。下聯說的是諸葛亮依法治蜀，關鍵在於審時度勢，具體情況具體分析，要不然你法律太寬還是太嚴，都錯；上聯說的就是諸葛亮南中平叛，關鍵不

成都武侯祠的「攻心聯」。

在於好戰，關鍵在於能夠攻心。

那麼，諸葛亮是怎麼進行這場「攻心之戰」的呢？

七擒孟獲，玄幻劇背後的歷史

咱們先來看《三國演義》講的故事。

《三國演義》上說，諸葛亮一到南中，就把蠻王孟獲給俘虜了。他問孟獲：你服不服？孟獲說我不服。我之前是不知道你的底細，所以才會不小心被你俘虜。要是你現在放我回去，我肯定能打敗你。諸葛亮說行啊，大俠請重新來過。把孟獲給放了。

孟獲跑到一個地方，到處毒泉，有的泉水你一喝就變啞巴了，有的泉水一沾上身，手腳潰爛而死。孟獲覺得這地方好，高枕無憂，就盤踞在一堆毒泉的背後。沒想到諸葛亮得到高人指點，知道還有一口泉，叫安樂泉，毒泉的泉水是毒藥，安樂泉的泉水是解藥，喝了就沒事兒了，所以又把孟獲給捉了。孟獲說我還是不服，諸葛亮又把他給放了。

孟獲就去找一個少數民族幫忙，這個民族跟馬戲團似的，會指揮猛獸，什麼獅子老虎大象，都乖乖聽話，幫著一起打諸葛亮。諸葛亮發明了一種噴火車，把獅子老虎全給嚇跑了，又把孟獲給捉了。

孟獲還是不服，回去找來另一個少數民族幫忙。這個民族有一個特種兵，叫藤甲兵，用一種特製的藤條，浸了油，繞在身上，刀槍不入。諸葛亮埋地雷，把藤甲兵都給炸死了，又俘虜了孟獲。連續七次捉拿孟獲，連續七次放走。到第七次的時候，孟獲不走了，說：諸葛丞相，我服了您了，我已經領會到我們之間智商的差距了，我再也不造反了。這就是著名的「七擒孟獲」的故事。

不知各位有沒有注意到，「七擒孟獲」在《三國演義》裡面，顯得非常特別。《三國演義》有很多虛構，寫得都跟眞的似的，唯有「七擒孟獲」，顯得很突兀。我小時候第一次讀《三國》，讀到「七擒孟獲」，感覺不像在讀《三國演義》，好像在讀《西遊記》、《封神榜》，情節非常玄幻。那麼，七擒孟獲，在歷史上是眞是假呢？你別說，還眞有他的依據。

《三國志》注引《漢晉春秋》記載：諸葛亮到了南中，每戰必勝。後來他聽說有個叫孟獲的少數民族領袖，當地不管漢族人還是少數民族的人，都服他。所以，諸葛亮下令，不許傷害孟獲的性命，務必生擒活捉，果然捉到了。諸葛亮就讓孟獲參觀蜀漢的軍隊，問他：你覺得我的軍隊怎麼樣？孟獲說：讓我回去再來過，我肯定能贏。諸葛亮哈哈大笑，放他回去繼續打，「七縱七擒」，諸葛亮再放孟獲的時候，孟獲不肯走了，說：「公，天威也，南人不復反矣。」您不是人，您是天威，我們再也不敢造反了。《漢晉春秋》是東晉時期的書，離開三國不太遠，應該說還比較可靠。

另外當時還有一本書叫《華陽國志》，和《漢晉春秋》的年代差不多，史料價值也很高。這本書上面說，諸葛亮曾經對孟獲「七虜七赦」。這兩本書的記載，就是「七擒孟獲」這個故事的史料來源。所以，「七擒孟獲」雖然沒有那麼多玄幻的情節，卻有相當高的眞實性。

但是從另外一方面來講，我們又覺得這個故事不太可信。

第一，陳壽的《三國志》沒有記載這個故事。陳壽本來是蜀漢的官員，後來蜀漢滅亡了，才在晉朝做了一個官員。他是離諸葛亮時代最近的人。如果諸葛亮曾經七擒孟獲，他一定知道，也肯定會寫到《三國志》裡面去。他沒寫，說明這個故事很有可能是後起的一個傳說，可信度不能高估。

第二，「七擒孟獲」這個故事不符合情理。你想啊，兩軍交戰這不是兒戲，不是小孩玩過家家鬧著玩兒。你把對方主將捉了放放了捉、捉了放放了捉，連續捉拿七次、放了七次，這怎麼可能呢？而且這也不符合諸葛亮謹小愼微的性格。就算你諸葛亮自認爲有百分之百的自信：以孟獲的智商，別說捉他七次了，只要我樂意，捉他一百回都沒問題！《三國演義》

後半部不用寫別的了，就寫我諸葛亮怎麼捉孟獲就得了！那你也得考慮到，你打這樣一場殘酷的戰爭，要讓多少人陪著你一塊出生入死？要糟踐掉多少人的生命？這符合你「攻心爲上」的政策嗎？

所以說，對於「七擒孟獲」這個故事，我們也不能夠太當眞，不能眞的認爲是捉了七次又放了七次。

那你前面說「七擒孟獲」有相當高的眞實性，現在又說不能太當眞，那眞實性又在哪裡呢？我前面講過，民間傳說也有它的眞實性，沒有眞實性的民間傳說，是沒有生命力的。「七擒孟獲」的眞實性就在於，這個故事是「攻心之戰」在老百姓想像中的產物。老百姓用一種自己能夠理解的方式，來具象化地演繹「攻心之戰」。其實，「攻心之戰」不全是軍事戰爭。

那麼，歷史上的「攻心之戰」到底是怎麼一回事呢？

兵法本於王制，中國式戰爭的醍醐眞味

古代有一本兵書，叫《唐李問對》，就是唐太宗李世民和李衛公李靖，兩個人一塊兒討

論兵法的一本書。

《唐李問對》記載，唐太宗有一次和李靖一起討論諸葛亮「七擒孟獲」的事情。唐太宗說：諸葛亮太厲害了，七擒孟獲，軍事史上的奇跡，他是怎麼做到的呢？兩個人討論了半天，最後的結論是一句話：

兵法本於王制。

任何一個國家，都有軍事力量，迫不得已的時候，只能通過軍事戰爭來解決問題。但是，軍事手段只能是最後的手段，你不能一上來就打，而只能做爲一個國家內政外交的末端。軍事力量單獨不能解決問題，只有依託於正當的制度，才能解決問題。這就叫「兵法本於王制」，這是諸葛亮用兵思想的核心所在，也是中國古代軍事思想的特色所在。諸葛亮平定南中之亂，當時的老百姓只看到「七擒孟獲」非常精彩，千百年後的我們，更應該體會諸葛亮用制度和文化來「攻心」的醍醐眞味。

我把諸葛亮的「攻心」之戰，概括爲三個方面：

第一，民族自治。

《三國志》注引《漢晉春秋》記載：諸葛亮平定南中之後，「皆即其渠率而用之」。渠率，就是當地少數民族的首領。諸葛亮把當地民族首領納入蜀漢官僚體系，讓他們自己管理自己的部落。

有人就勸諸葛亮，說南中叛亂，本來就是因爲少數民族作亂，現在你還敢讓他們自己管理自己，怎麼放心呢？不如留一批漢族的官員在這裡管本地人。

諸葛亮說：不行，留漢族官員在這裡，本地人信不信任你呢？這是第一個不方便。你留了官員，留不留軍隊呢？不留軍隊，人家打你，你怎麼辦？這是第二個不方便。留了軍隊，還要運送糧食，工程量太大了，這是第三個不方便。留漢族官員管本地百姓，有三個不方便，所以我讓少數民族自己治理自己。

當然了，搞「民族自治」並不意味著中央政府把南中扔在一邊，由它自生自滅，就此撒手不管。恰恰相反，從此以後中央和南中的聯繫大大加強了。中央定期地從南中選拔優秀的人才到中央來任職。比如說孟獲，後來官至御史中丞，是負責監察的高官。南中還有一個猛將叫孟琰，後來官至輔漢將軍。蜀漢還從南中抽調優秀的戰士，成立了兩支特種兵：一支是擅長山地作戰的「無當飛軍」，還有一支是擅長平原作戰的「虎步軍」。這兩支軍隊，在後來諸葛亮北伐之時，表現非常活躍。另一方面，蜀漢政權也源源不斷地向南中輸入資金、輸入技術、輸入制度和文化，以幫助當地人來開發。民族自治，互利互惠，是中國古代民族政策的優良傳統，也是諸葛亮民族政策的第一要義。

第二，因俗設法。

所謂因俗設法，就是根據當地的習俗，來設置當地的法律，而不把中原王朝的法律強加給少數民族。

《華陽國志》記載：南中有個習俗，當地老百姓相信鬼神，喜歡用對天發誓的方式來締結契約，用鬼神的力量保證誓言的效力。諸葛亮並沒有因此覺得你們這都是迷信，我要普及科學，普及《合同法》，而是尊重他們的習俗。所以，諸葛亮也經常以對天發誓的方式和當地人締結誓約。

唐朝人寫的《蠻書》記載：諸葛亮和南中老百姓一起對天發誓、約定盟誓，刻在石碑上面。石碑的反面，刻著當時的誓言：「此碑如倒，蠻爲漢奴。」這塊碑如果倒了，蠻人就要做漢人的奴僕；這塊碑如果不倒，漢人不得以蠻人爲奴。所以一直到唐朝的時候，當地老百姓還在用木頭支撐著石碑，不讓它倒。

再比如，南中老百姓普遍不識字，所以之前才會被雍闓假傳聖旨、矇騙利用。《歷代名畫記》記載，諸葛亮擅長作畫。《華陽國志》記載，諸葛亮在南中，用畫「圖譜」的方式，告訴當地老百姓一些基本的政治理念。諸葛亮像畫連環畫一樣，畫了天地、日月、君長、城府，向老百姓傳達尊卑有序、國家社稷的思想；諸葛亮又畫了中央官員巡視地方、安撫百姓，當地人向官員敬獻羊肉和美酒，以此宣傳夷漢和諧的思想。因俗設法，是對民族文化的尊重。多民族法文化多元一體共存，是中華法系的一大特色。

第三，改造陋俗。

諸葛亮尊重少數民族的文化，並不意味著對其陋俗也予以遷就。《三國演義》說諸葛亮班師回朝的時候，金沙江烏雲密布、風浪大作，不能渡河。

諸葛亮問孟獲：這是怎麼回事？

孟獲說：河裡有鬼神作怪，我們遇上這種情況，一般都要祭祀鬼神才能過河。

諸葛亮問：那你們怎麼祭祀呢？

孟獲說：我們一般是殺掉七七四十九個蠻族人，再把他們的頭割下來，扔在河裡面祭祀鬼神。鬼神一吃這些頭，就不鬧騰了，我們就可以順利渡江。

諸葛亮不忍心殺蠻人，就讓廚子和麵做成人頭的形狀，裡面塞上牛羊肉，上屜蒸熟了，冒充蠻人的頭扔在河裡祭鬼神。這個東西，就被稱之為「蠻頭」，蠻人的頭，後來把蠻字改了，就是饅頭。有人說這是包子，不是饅頭。其實古代有餡的才叫饅頭，現在江浙一帶還管包子叫饅頭。我老家是江蘇常州的，我們那兒管肉包子就叫肉饅頭。那《三國演義》這個故事是不是瞎編的呢？不是。這個故事的原型，來自宋朝人寫的《事物紀原》。從這個故事，可以看出諸葛亮改革陋俗殘忍的內容，保留其合理的形式，形成新習俗的良苦用心。

諸葛亮的攻心之戰，功在當時，利在千秋。宋朝人洪邁的《容齋隨筆》記載：宋朝初年，有個使者出使南詔國，路過雲南，要橫渡瀘水。當地官員說：當年諸葛亮跟本地人有個約定，除非本地人向中央進貢，或者本地人叛亂、中央派兵來討伐，否則不得渡過瀘水。如果遇到緊急情況，非要渡河不可，那就必須先舉行一個莊嚴的祭祀儀式，向河對岸的人表示我對你們沒有敵意。說完，就拿出一整套祭祀用具，舉行儀式。

從這個故事可以看出，諸葛亮爲當地人立的法度，接近千年之後仍在沿用。這就是一種制度與文化的穿透力。不僅如此，直到今天，中國西南地區還保留著至少一百多處諸葛亮的遺跡。其中有些地方是諸葛亮當年的確到過的，而有些地方是諸葛亮不可能涉足的，是後人附會上去的。但是不論眞假，這些遺跡都表明：曾經爲中國的民族融合做出過傑出貢獻的人，是不會被歷史忘記的，是永遠會被各族銘記的。

諸葛亮安定了大後方，班師回朝，開始著手北伐。爲此，他向後主劉禪獻上了千秋名篇〈出師表〉以表決心。那麼，〈出師表〉究竟爲什麼會被中國人傳誦千年之久呢？〈出師表〉蘊含著什麼樣的法律玄機呢？

第十五章

出師表

早歲那知世事艱，中原北望氣如山。
樓船夜雪瓜洲渡，鐵馬秋風大散關。
塞上長城空自許，鏡中衰鬢已先斑。
出師一表真名世，千載誰堪伯仲間？

南宋 陸游《書憤》

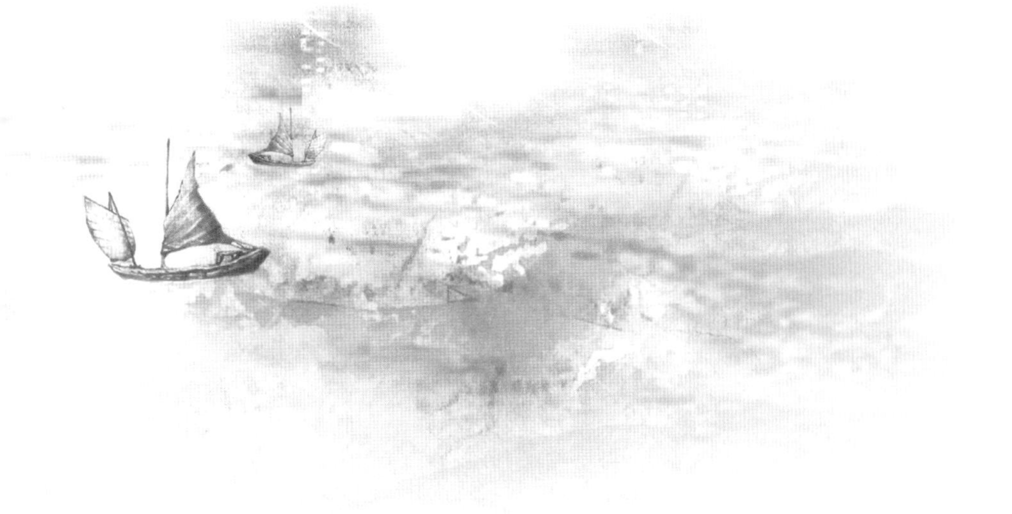

〈出師表〉好在哪裡？

諸葛亮用攻心之戰，平定了南中叛亂。「軍資所出，國以富饒」，南中提供了大量的兵員和財富，蜀漢政權慢慢地恢復了元氣。

公元二二七年，諸葛亮率領大軍北駐漢中，準備出師北伐曹魏。正式出兵之前，諸葛亮在軍營之中、几案之上，攤開一卷竹簡。耳中邊聲四起，眼前一燈如豆，諸葛亮想起隆中的躬耕生涯，想起白帝城的臨終託孤，想到前不久五月渡瀘、深入不毛，心中之情、胸中之氣沛然莫之能禦，飽蘸濃墨，奮筆疾書。寫完之時，早已經淚如雨下、泣不成聲。

這篇文章，就是名垂千古的〈出師表〉。

我知道〈出師表〉是好多人童年的一個惡夢，因爲要全文背誦。但是不管你是哪個年代的學生，不管你來自中國大陸、香港還是台灣，只要你上過中學，肯定學過〈出師表〉。有人說不信，我上中學比較早，我中學那會兒還沒辛亥革命呢。那你也學過〈出師表〉。從清朝的《古文觀止》，到民國的《國文課本》，再到今天的課本，都收了這篇文章，〈出師表〉一直是明星課文。

爲什麼我們都要學〈出師表〉呢？〈出師表〉到底好在哪裡呢？

從文學的角度看，〈出師表〉情詞並茂，是一篇非常好的文章。

先說情。

古人說，歷史上有三篇文章最感人，你要是讀了以後沒哭，你簡直就不是人。一篇是李密的〈陳情表〉，你讀了沒哭，「其人必不孝」，肯定不是好兒子；一篇是韓愈的〈祭十二郎文〉，你讀了沒哭，「其人必不友」，肯定不是好兄弟；再一篇就是諸葛亮的〈出師表〉，你讀了沒哭，「其人必不忠」，肯定不是忠臣義子。這個不是誇張，古代人讀〈出師表〉眞的會讀到哭。比如唐朝白居易，「前後出師遺表在，令人一覽淚沾襟」；宋末文天祥的《正氣歌》：「或爲出師表，鬼神泣壯烈」，不要說人，鬼神都看哭了。我們今天的人讀〈出師表〉不太會哭，主要是因爲文言文不好，沒看懂。一旦你眞的讀懂了，「嗷」地一聲

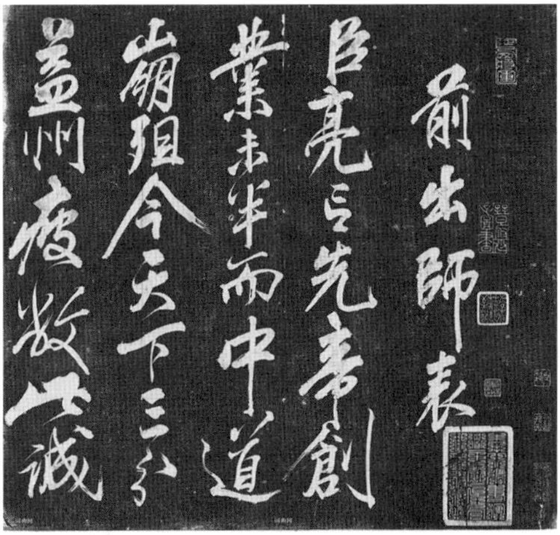

岳飛《前出師表》拓片。據跋語云，岳飛遇雨宿南陽武侯祠，秉燭夜讀前後《出師表》，「不覺淚下如雨，是夜竟不成眠，坐以待旦」。第二天，道士請岳飛留下墨寶，遂「揮涕走筆，不計工拙，稍舒胸中抑鬱耳」。

就哭了。

再說詞。

今天時常有個網路用語，紅極一時，流行的時候滿螢幕都是這個詞，你躲都躲不掉。一旦過氣了，就沒人說了。〈出師表〉不一樣，〈出師表〉一共六百個字，創造了十幾個流行語，不僅在當時廣爲傳頌，一千八百年後的今天仍然長盛不衰，已經成爲了漢語的一部分，比如危急存亡、妄自菲薄、引喻失義、作奸犯科、計日而待、苟全性命、不毛之地、感激涕零、不知所云，等等等等。我今天念起來，還是覺得唇齒生香。你要是不服，可以挑戰一下，你也寫一篇六百字的文章掛到網上，看能不能創造十幾個流行語，被大家廣爲傳頌，並且一直傳到公元四〇〇〇年。

精心安排，給皇帝戴上緊箍咒

〈出師表〉的好處，還不僅僅在純文學方面。要說情詞並茂，〈陳情表〉和〈祭十二郎文〉也寫得非常好，但是〈出師表〉的知名度之高、格局之大，還遠在這兩篇文章之上。南宋詩人陸遊說：「出師一表眞名世，千載誰堪伯仲間？」一千多年還沒有第二篇文章可以與之相提並論。其中的原因何在呢？

下面，我們就從法治文化的角度，來破解〈出師表〉中蘊含的兩大玄機。

首先，〈出師表〉設計了中國傳統「君臣之道」的理想藍圖。

〈出師表〉是寫給誰看的？寫給皇帝劉禪看的。劉禪是劉備的兒子，小字阿斗，民間有句俗話叫「扶不起的劉阿斗」，說的就是他。那劉禪是個什麼樣的人呢？我們來看一個小故事。

《晉書》記載，蜀漢有個小官叫李密，就是〈陳情表〉的作者。蜀漢滅亡以後，李密在晉朝做官。晉朝的一個宰相問李密：你的老主子劉禪是個什麼樣的人？他為什麼問這個問題呢？他其實是想羞辱李密。眾所周知，劉禪是個昏君，這個宰相怎麼可能不知道呢？所以他故意來問，就是想當眾羞辱李密：你的老主子是個昏君，那你做為臣子也光彩不到哪裡去。

那麼李密是怎麼回答的呢？

李密說：我給您打個比方吧，劉禪可以和齊桓公相比。

這個宰相聽了以後，非常納悶：為什麼呀？齊桓公大家都知道，春秋五霸之首，那是一代名君啊，而你們劉禪是個昏君，這兩人怎麼能比呢？

李密說：齊桓公任用管仲，就能稱霸；管仲死了以後，親近小人，結果死無葬身之地。

劉禪任用諸葛亮，就能抵抗曹魏；諸葛亮死了以後，親近小人，結果國家滅亡。所以我說，劉禪可以和齊桓公相比。

李密這話雖然有回護故國的嫌疑，但也不盡然是胡說。《三國志·後主傳》也說劉禪「任賢相則爲循理之君，惑閹豎則爲昏暗之後」，任用賢人就變成好皇帝，任用小人就變成壞皇帝，近朱則赤、近墨則黑，可塑性非常強的一個人。這就是歷史上的劉禪。

諸葛亮對劉禪的這個特點非常了解，所以他在〈出師表〉裡面告訴劉禪：「親賢臣，遠小人，此先漢之所以興隆也；親小人，遠賢臣，此後漢之所以傾頹也。」漢朝興隆的經驗，就是親賢臣、遠小人；漢朝滅亡的教訓，就是親小人、遠賢臣。所以，我走了以後，你別覺得沒人管你了，就可以胡來，你也要親賢臣遠小人。當然，諸葛亮知道，這種事情不能指望劉禪自覺。所以諸葛亮在〈出師表〉裡面，通過精心的制度設計，給劉禪戴了三個緊箍咒。

皇室的歸皇室，政府的歸政府

第一個緊箍咒：宮府一體。

中國古代，皇室有一套班子，叫「宮」；政府有一套班子，叫「府」。「宮」是皇帝管的，代表的是皇帝他們一家子的私人利益；「府」是丞相管的，代表的是天下的公共利益。宮、府各有各的範圍，不能越界。

從法律方面來看，比如說有人犯了一個罪，皇帝能管嗎？按照現代人的印象，怎麼不能管了！電視劇裡不也老這麼演嘛，你看皇帝一吹鬍子一瞪眼：把他給我推出午門斬首！就殺掉了。皇帝對於天底下每一個人，都有生殺予奪之權呀！

其實沒有這麼簡單。如果是宮裡面的犯罪，那皇帝說了算，因爲皇帝是「宮」的首腦，宮裡面有一個專門機構叫做「掖庭令」，就是專門管宮裡面的犯罪行爲的，掖庭令直接對皇帝負責。但是如果是宮外面的犯罪呢，就由廷尉來直接管轄，丞相總負責，最後處理的結果才呈報給皇帝批准。皇帝在這裡面的影響力，相對來講比較間接。

但是東漢末年，皇帝想管宮外的犯罪，就專門設置了一個特別制度，叫「詔獄」，皇帝下詔，點名要求這個案子由朕來管。實際上呢，大家都知道東漢末年的皇帝是不管事的，主要的權力掌握在宦官的手裡面，所以「詔獄」就被宦官被控制了。所以東漢末年，法制非常糟糕，就是皇帝的權力從宮裡面伸出來，越位到府裡而造成的。

現在，諸葛亮懲於漢末的弊端，在〈出師表〉裡說：「宮中府中，俱爲一體，陟罰臧否，不宜異同。」宮和府，要有統一的賞罰機關，統一的賞罰標準。如果有人立功要賞，有人犯罪要罰，不管你是宮裡的人還是宮外的人，「宜付有司論其刑賞」，交付有關部門來討論賞罰的處理決定，皇帝不要插手。漢末，宮壓過府；現在，府要管宮。宮府一體，其實就是把宮、府的賞罰大權統一到政府手裡。這是諸葛亮給劉禪戴的第一個緊箍咒。

第二個緊箍咒：賢臣議政。

諸葛亮在〈出師表〉裡安排了三個人：郭攸之、費禕、董允。這三個人，都是諸葛亮精心挑選的賢臣，道德品質高尚，業務能力突出。諸葛亮告訴劉禪：「宮中之事，事無大小，悉以諮之，然後施行」，你皇宮裡的事情，也不要擅自作主，不管大事小事，都要先問過這三個人，然後再去做，這樣才

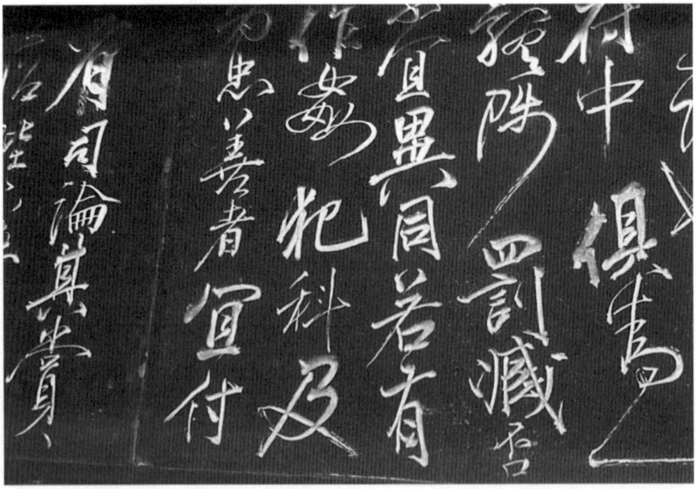

成都武侯祠內《出師表》。「陟罰臧否，不宜異同……宜付有司論其刑賞」的警世箴言清楚可見。

能盡善盡美。

舉個例子，有一次，劉禪想從民間選幾個美女做他的妃子。按照我們今天的想法，皇帝要充實後宮，這種想法簡直太合理了。劉禪自己也這麼想，就去問這三個人：行不行？董允一票否決。董允說：從制度上講，「天子后妃之數不過十二」，你只能娶十二個老婆。我掰著手指頭數了一下，你好像已經有十二個老婆了，所以不能再娶了。劉禪沒轍，只好作罷。賢臣議政，是由政府監督皇室。這是諸葛亮給劉禪戴的第二個緊箍咒。

第三個緊箍咒：內行治軍。

諸葛亮在〈出師表〉裡還提到一個人，將軍向寵，是軍事專家。諸葛亮要求劉禪：「營中之事，悉以諮之」，軍事方面的問題，全讓向寵作主，你不要插手。爲什麼呢？因爲打仗，最怕外行領導內行。中國古代打仗，有的朝代派宦官監軍；有的朝代，皇帝喜歡赤膊上陣、遙控指揮，這樣一來，軍隊的戰鬥力會很受影響。內行治軍，就是想要排除皇室對軍事的干預。這是諸葛亮給劉禪戴的第三個緊箍咒。

三個緊箍咒，總體來講一條基本原則：皇室的歸皇室，政府的歸政府。

皇帝比法大，誰比皇帝大？

有人讀到這裡，簡直要拍案而起：諸葛亮這是要犯上作亂呀！你一個臣子，把皇帝限制得死死的，這像什麼話？

的確，諸葛亮和劉禪的關係非常微妙，從傳統文化來看，他們倆互爲父子關係。怎麼叫互爲父子關係呢？

一方面，劉備臨終託孤，讓劉禪把諸葛亮當父親看待，諸葛亮是帝王師，是師父，劉禪是弟子，他們是師徒父子關係；另一方面，劉禪是君父，諸葛亮是臣子，他們又是君臣父子關係。諸葛亮雖然可以用師父的身分給劉禪戴三個緊箍咒，但是畢竟礙於君臣名分。所以，諸葛亮在〈出師表〉裡面抬出了一個比皇帝更高的存在。

在中國傳統法文化裡面，有什麼比皇帝還要高呢？法律嗎？當然不是。法律是皇帝制定的，和皇帝是一體的。

中國傳統法文化，有三樣東西比皇帝高：

天道、經典、先王。

天道，就是老天爺。皇帝是天子，是天的兒子，當然比天道矮一頭。西漢董仲舒說天人感應，意思是你皇帝做事情做得好，天上就會有祥瑞；做得不好，就會有災異。這個不是封建迷信，而是在用天道來制約皇權。

經典，就是聖賢留下的法律，比如《春秋》。漢朝人有個觀念，叫「孔子爲漢立法」，孔子晚年整理五經、寫了一部《春秋》，不是要做歷史學家，而是在爲漢朝人立法。世俗皇帝的法律再高，也不能高過聖賢的法律。董仲舒以《春秋》決獄，引用《春秋》等經典的案例和基本精神來修正律令、判決案件，就是用經典制約皇權。

先王，就是歷朝歷代的優秀君主，尤其是本朝列祖列宗。他們是你的楷模，是你的祖宗，所以比你高。諸葛亮〈出師表〉裡有一個高頻詞，叫「先帝」，也就是你老子劉備。短短六百字的〈出師表〉，先帝出現了十三次：先帝創業未半、先帝簡拔以遺陛下、先帝稱之曰能、先帝在時、先帝不以臣卑鄙、先帝知臣謹愼、以告先帝之靈……〈出師表〉反覆稱說「先帝」，就是用先王制約今王的皇權，歸根結底，就是用歷史制約權力，用文化制約權力。

所以說，我們今天讀〈出師表〉不僅要讀到它的眞實情感，還要讀到它的精心設計。諸葛亮用制度規範權力，以師道教育皇帝，讓君主無爲於上、臣子有爲於下，相互制約、相輔相成，這就是中國古代「君臣之道」的理想藍圖。

「大一統」不是「大統一」

其次，〈出師表〉表達了中國人對「大一統」的不懈追求。〈出師表〉的最終目的，是要「討賊興復」，也就是討伐國賊，復興正統。今天我們對「大一統」的理解，往往理解成「大統一」，指的是實現領土的統一和完整，這是一個比較狹隘的理解。「大一統」的思想博大精深。北宋歐陽修的《正統論》認爲：「夫居天下之正，合天下於一，斯正統矣。」所以「大一統」至少應該有兩個內涵：

第一，「合天下於一」，也就是用武力完成領土的統一。

中國人的「大一統」思想非常有意思，不提倡開疆拓土，只提倡統一全國。中國古代大致有一個傳統的領域觀念：西到流沙東到海，南到密林北長城。這一塊兒，做爲一個開國君主，你有義務實現統一。你如果沒能統一，你的子子孫孫都有義務去統一。比如說北宋開國，宋太祖趙匡胤沒能夠統一全國，因爲北方的幽雲十六州被契丹人給占了，所以北宋歷朝歷代的皇帝都要去北伐，都要去收復失地。

至於這一塊之外的領域呢？沒有太多的非分之想。如果你做爲一個皇帝，特別仁德，文化的輻射力到那一塊了，人家來投奔你，那就接受；你不仁德，人家跑了，也不追。這叫

「來則受之，去則由之」。比如漢朝剛剛開發海南島，在那邊設置郡縣，結果當地人老是叛亂。皇帝說：大概我的仁德還不夠，不能覆蓋到海南島吧？就撤出了海南島。後來文化的力量慢慢滋長、潛移默化，才重新讓海南島成爲了中國領土的一部分。再比如清朝末年，朝廷之上討論到底要不要放棄新疆，這以我們現代國家的觀念來看，簡直不可思議：不要說新疆那麼大的地盤，就算是彈丸之地也寸土必爭啊，怎麼能隨便拋棄呢？但是當時人的觀念就是，我們清王朝德衰了，遠人不服，那就由他們去吧。這是一種非常和平的、沒有侵略性的「天下」觀念，和今天很不一樣。

有人說，統一是中國歷史的主流，其實這個話不一定對。從秦朝統一到今天兩千多年，統一和分裂的時間基本上是對半開。所以統一不一定是中國歷史的主流，中國歷史的主流，是對統一的不懈追求。而且有意思的是，不光是占優勢的政權想統一，處於劣勢甚至於絕對劣勢的政權，也不甘心割據一方，也想統一。這是中華文明的特色。

比如明朝滅亡，清朝想收復台灣，台灣鄭氏政權也想要反清復明；國民黨敗退台灣，中共想收復台灣，蔣介石也想反攻大陸，雙方都不承認兩個中國，這就是「大一統」思想在起作用。東漢末年天下三分，蜀漢最弱小，對統一的追求反而最積極。諸葛亮曾經派人和孫權通好，約定一起消滅曹魏。孫權說：要是滅了曹魏，咱們二分天下，你們做西邊的皇帝，我做東邊的皇帝，大家和平共處，我覺得倒也滿好的。蜀漢使者義正詞嚴地拒絕。他說：「天無二日，土無二王。」如果消滅了曹魏，正是你我開戰之時。由此可見，追求統一是蜀漢政權的共識，也是〈出師表〉的意義所在。

第二，「居天下之正」，也就是用仁德建立合法的正統。

中國人追求統一，但並不會無條件地追求統一，為統一而統一。統一的一方，要具備正統，具備政治上的合法性。這個合法性，不是說你是漢朝的後代，是劉皇叔，就算正統。正統，體現為政治上的德行。現在有人責備諸葛亮，說要不是你出來搗亂，幫劉備建立國家，曹操早統一了。也有人說岳飛、文天祥不是民族英雄，因為他抵抗金人、蒙古人，拖延了統一的進程。這種論調，都只看到了低層次的大一統，沒有看到高層次的大一統。唐朝詩人元稹有詩云：「凜凜出師表，堂堂八陣圖。如公全盛德，應嘆古今無。」正是看到了〈出師表〉追求領土的大一統、追求正統的大一統，洋溢著堂堂正正的天地正氣。

〈出師表〉的堂堂正氣，不僅在當時鼓舞了蜀漢政權，千百年後仍然富有動人心魄的力量。南宋岳飛面對強敵入侵，手書〈前後出師表〉，鼓舞士氣；宋末文天祥，面臨國仇家恨，「至今出師表，讀之淚沾胸」。二〇一五年七月，我在南陽武侯祠大殿摩挲拜讀岳飛手書〈前後出師表〉石碑，仍然能感受到這股浩然正氣，從三國傳遞到南宋，又從南宋穿越到今天，從冰冷的石碑上噴薄而出，令人肅然動容、泣下沾襟。

以千古名文〈出師表〉做爲開端，諸葛亮就此開始了北伐中原、統一中國的努力。那麼諸葛亮的第一次北伐，成敗如何？在諸葛亮第一次北伐期間發生的「揮淚斬馬謖」究竟是怎麼一回事呢？

第十六章

揮淚斬馬謖

吾心如秤，不能為人作輕重。

蜀漢 諸葛亮

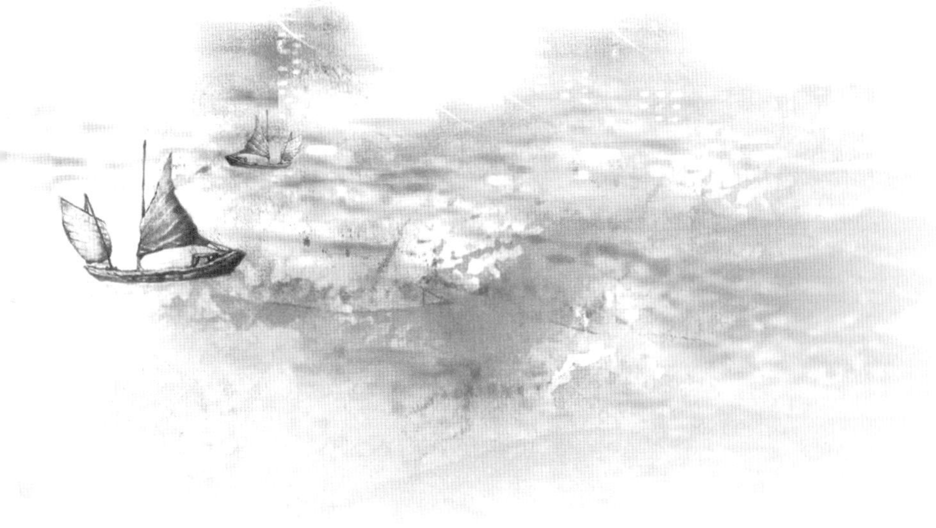

眞假「失空斬」

公元二二七年，諸葛亮上出師表；二二八年，正式北伐。

應該說，諸葛亮第一次北伐，形勢一片大好。因爲曹魏方面完全沒有防備，南安、天水、安定三個郡，集體倒戈，歸順蜀漢。諸葛亮也自認爲，這一次北伐，「十全必克」，有十足的把握。誰也沒有想到，接下來劇情發生了一百八十度的大逆轉。

《三國演義》裡說：曹魏派大將司馬懿率領軍隊抵抗諸葛亮。當時魏蜀的交界線上，有一個咽喉要道，叫街亭，雙方都想奪取這個地方。諸葛亮就派參軍馬謖，千叮嚀萬囑咐，說：你到了街亭，一定要在大路上紮營。沒想到馬謖到了街亭，一看，大路旁邊有座山，我在山上紮營，居高臨下，豈不更好？就自作主張，上山去了。司馬懿樂壞了：馬謖這個豬腦子！趕緊派人圍山，切斷水源。幾天下來，蜀軍徹底崩潰，街亭失守。這叫「失街亭」。

司馬懿趁勝追擊，殺到諸葛亮的大本營。當時諸葛亮的軍隊，都派到外面去了，手下只有一群老弱病殘。諸葛亮沒辦法，乾脆派人把城門打開，讓幾個老兵在門口打掃衛生。他自己呢，領著兩個童子，在城樓上彈琴看風景，一邊彈還一邊唱：「我本是臥龍崗散淡的人，論陰陽如反掌保定乾坤。」

唱了一會兒，司馬懿大軍殺到。

司馬懿一看，諸葛亮城門大開，這是什麼路數？拿不準，就在樓下遲疑觀望。諸葛亮一看，司馬懿來了，等的就是你，就唱歌勾引他：「左右琴童人兩個，又無有埋伏又無有兵。你休要胡思亂想心不定，你就來來來，請上城樓司馬你聽我撫琴。」說的全是實話，結果司馬懿疑心太重，嚇壞了，掉轉馬頭就跑。這叫「空城計」。

諸葛亮安全撤退，追究責任，審判馬謖。京劇《斬馬謖》裡，諸葛亮痛苦萬分：「見馬謖只哭得珠淚灑，我心中一好似亂刀扎。」最後咬咬牙，在三軍陣前揮淚斬馬謖。

失街亭、空城計、斬馬謖，簡稱「失空斬」，一波三折、驚心動魄，是京劇裡的名段，千百年來經過不斷演繹，早已經深入人心。

其實，「失空斬」的故事有眞有假：

首先，「失街亭」裡面，和諸葛亮唱對手戲的不是司馬懿，而是張郃。當時司馬懿在負責防守吳國，三年以後才能和諸葛亮正面交鋒。《三國演義》爲了加強戲劇性，讓諸葛亮和司馬懿提前見面了。

其次，「空城計」在《三國志》沒有被記載，只是晉朝的一個民間傳說，眞實性不高。不過從這個傳說也可以看出，晉朝人對他們本朝的老祖宗司馬懿很不尊重，反而更加欣賞諸葛亮。

「失空斬」三幕劇，最複雜的還是「斬馬謖」。

「揮淚斬馬謖」的三大懸案

歷史上的斬馬謖，比起小說和戲曲，有著更多不為人知的內幕，也更加耐人尋味，更加讓人揪心。在「揮淚斬馬謖」的背後，隱藏著三個千古懸案：

第一個懸案：諸葛亮為什麼斬馬謖？

諸葛亮揮淚斬馬謖，不就是因為馬謖打了敗仗嗎？問題沒有這麼簡單。打了敗仗的人，就都應該斬嗎？當然不是。所以，馬謖其實可殺可不殺。既然馬謖可殺可不殺，那麼為什麼偏偏要斬馬謖呢？有人就猜，說諸葛亮斬馬謖，其實是為了撇清他自己的責任。因為劉備臨死之前，曾經交代諸葛亮，說馬謖這個人「言過其實，不可大用」，諸葛亮不但不聽，反而重用馬謖。結果出事兒了，諸葛亮就揮淚斬馬謖以保全他自己。是不是這樣呢？這是第一個懸案。

第二個懸案：諸葛亮應不應該斬馬謖？

馬謖既然可殺可不殺，那麼諸葛亮堅持斬馬謖，到底對不對呢？有人認為不對。斬馬謖，可以體現你執法嚴明；不斬馬謖，可以保留一個優秀人才。馬謖這個人，足智多謀，年輕有為，是諸葛亮著意培養的接班人。我們前面講南中之戰，就是馬謖獻上了「攻心為上」的計策。蜀漢本來就缺人才，諸葛亮還把馬謖這樣不可多得的人才給殺了，所以後來「蜀中無大將，廖化作先鋒」，諸葛亮要負直接的責任。那麼，諸葛亮到底應不應該斬馬謖呢？這是第二個懸案。

第三個懸案：諸葛亮有沒有斬馬謖？

諸葛亮揮淚斬馬謖，有沒有斬馬謖難道還有疑問嗎？有。《三國志．馬謖傳》記載：「謖下獄物故，亮為之流涕。」什麼叫「下獄物故」呢？就是關進監獄，然後死了。怎麼死的呢？不清楚。物故，一般是說病死。有人就猜測，說監獄裡衛生條件不好，所以馬謖病死了。既然馬謖病死在前，那麼諸葛亮就不可能斬馬謖了。這是第三個懸案。

馬謖三宗罪

三大懸案，我們一個一個來看。先看第一個懸案：諸葛亮為什麼斬馬謖？根據歷史學者宋傑的研究，從法律上看，馬謖至少犯了三宗罪，每一宗都是死罪。

第一宗罪：戰敗之罪。

街亭之戰，是第一次北伐的關鍵戰役。馬謖做爲主將，把勝仗打成了敗仗。諸葛亮北伐功敗垂成，馬謖難辭其咎。戰敗是個什麼罪過呢？曹操曾經下過一道軍令，我們可以參考一下：「其令諸將出征，敗軍者抵罪，失利者免官爵。」打大敗仗，處死；小失利，免官。所以，戰敗是死罪。當然，三國時期是亂世，打仗很頻繁，勝敗乃兵家常事，法律執行起來難免要打個折扣。如果單看打敗仗，馬謖可殺可不殺。但是，他還犯下了——

第二宗罪：違令之罪。

馬謖戰敗，不是運氣不好。《三國志．諸葛亮傳》記載：馬謖「違亮節度，舉動失宜」。馬謖違反了諸葛亮的安排，自作主張，所以才導致了戰敗的結果，他要負直接責任。違反軍令，是什麼結果呢？大家都很熟悉，四個字：違令者斬。據說是諸葛亮寫的《便宜十六策》有云：「當斷不斷，必受其亂，故設斧鉞之威，以待不從令者誅之。」軍事作戰，要求絕對的服從，不服從者，當然是死罪。不過即便如此，馬謖還是有一線生機。因爲諸葛亮的執法風格是「服罪輸情者雖重必釋」，你只要低頭認罪，誠心認錯，就可以坦白從寬。遺憾的是，馬謖在犯了以上兩宗罪以後，不思悔改，又犯下了——

第三宗罪：逃亡之罪。

《三國志．向朗傳》記載，諸葛亮手下有個官員叫向朗，就是〈出師表〉裡面提到的那個軍事專家向寵的叔叔。向朗和馬謖私交很好，街亭戰敗以後，「謖逃亡，朗知情不舉」，馬謖臨陣逃亡，向朗知情不報。從這裡可以看出，馬謖在戰敗以後，不僅不肯低頭認罪，而且臨陣脫逃。臨陣脫逃在古代是個什麼罪呢？毫無疑問的死罪。

我們來舉一個例子。西漢初年，劉邦死了以後，呂后專權。有一次，呂后宴請呂家的親戚們吃飯喝酒，讓劉邦的一個孫子叫劉章，負責維持宴會秩序。劉章說：我喜歡打仗，請允許我按照軍法來維持宴會秩序。呂后覺得，你哪懂什麼軍法呀，無非就是女孩子喜歡過家家，男孩子喜歡玩打仗，就同意了。喝酒喝到後來，有人酒量不好，實在喝不下去了，瞅著沒人注意他，中途就想開溜。劉章拔出寶劍，一路追出去，把這個人當場砍死，回來稟報呂后：「有亡酒一人，臣謹行法斬之。」有個人逃酒，被我依法殺了。從這裡可以看出，臨陣脫逃，軍法上就是死罪。

有人說這法律怎麼這麼嚴厲啊？要注意，諸葛亮斬馬謖，用的不是普通的法律，而是軍法。有一部美國電影，裡面一句台詞能說明問題：「做事情有三種方式：正確的，錯誤的，軍方的。」所以馬謖可殺可不殺，不能用一般的法律來衡量，必須以軍方的法律來衡量。衡量的結論就是：馬謖犯下了三宗死罪，罪無可赦，死路一條。

從這個結論再來看第二個懸案：諸葛亮應不應該斬馬謖？毫無疑問，馬謖犯下了三條死罪，不是可殺可不殺，而是非殺不可。所以諸葛亮應該殺馬謖，必須殺馬謖，不殺馬謖則不能服眾。

馬謖眞的被斬了嗎？

最後來看第三個懸案：諸葛亮到底有沒有斬馬謖呢？

答案是肯定的。

馬謖雖然臨陣逃亡，但是最後還是被抓獲，關進監獄。馬謖在生命的最後時刻，給諸葛亮寫了一封信，這封信保留在《三國志‧馬謖傳》注引《襄陽記》裡。

馬謖說：「明公視謖猶子，謖視明公猶父。」您把我當兒子看待，我也把您當父親一樣尊重。現在我即將被殺，是我咎由自取。我只有一個心願，希望您能「殛鯀興禹」。傳說堯讓鯀治水，鯀治水失敗，被堯給殺了，堯繼續任用鯀的兒子大禹治水。馬謖引用這個傳說，其實就是在託孤，我即將死去，我兒子即將成爲孤兒，希望您能念在舊情，照顧我的孩子，我馬謖死而無恨。

這封信寫上去沒多久，馬謖被斬，時年三十九歲。「於時十萬之衆爲之垂涕」，十萬大軍都暗暗落淚，諸葛亮更是痛哭流涕。馬謖死後，諸葛亮親自祭奠馬謖的亡魂，照顧馬謖的遺孤，以實現對馬謖生前的承諾。

《三國志》除了《馬謖傳》以外，都明確記載了「斬馬謖」，所以諸葛亮揮淚斬馬謖是沒有疑問的。那麼，爲什麼偏偏馬謖本人的傳記要不清不楚地寫個「下獄物故」呢？

因爲中國古代史書有「爲傳主諱」的傳統。

你寫一個人的傳記，儘量不要在他的本傳裡面寫他不好的事情。那如果確實有糗事要寫怎麼辦呢？在別人的傳記裡帶到一筆就可以了。比如赤壁之戰，是曹操一生最大的糗事，但是你去讀《三國志．武帝紀》，只能看到曹操跟劉備打仗，不利，又碰上瘟疫橫行，就自己撤退了，根本看不出赤壁之戰輸得有多慘。你得看劉備、孫權、周瑜的傳記，才能看得出來。所以馬謖戰敗被斬，在他本人的傳記裡，就只含含糊糊寫了一句「下獄物故」，至於到底怎麼死的，你要去看其他人的傳。

用心如秤，用法律不用權術

諸葛亮揮淚斬馬謖，對後世影響深遠。「斬馬謖」也已經從一個歷史典故，變成了忍痛割愛、大義滅親的代名詞。那麼，諸葛亮揮淚斬馬謖，可以為我們現代人提供怎樣的啓示呢？

第一，用法而廢術。法是法律條文，術是政治手腕。我們先來看一個用術版的「揮淚斬馬謖」。

春秋時期，晉國公子重耳周遊列國，得到曹國大夫僖負羈的優待。重耳回國做了君主，就是春秋五霸之一的晉文公。晉文公攻占曹國，專門下了一道軍令：嚴禁任何人進入僖負羈家，違者殺無赦。結果晉文公手下有兩個武將，一個叫魏犨，一個叫顛頡，都是當年跟著他周遊列國的患難功臣，他們倆放火把僖負羈家給燒了。魏犨在放火的時候，犯了技術錯誤，把自己也燒成了重傷。

晉文公得知此事，勃然大怒，要執行軍法，揮淚斬馬謖。但是他知道魏犨武藝高強，殺了未免可惜。轉念一想，魏犨不是被燒成重傷了嘛，如果已經是廢人了，那就殺了得了。所以就派了個使者去魏犨家裡看。

魏犨知道晉文公的意思，他用綳帶把身上的燒傷全都綁好，外面穿上衣服，看不出來。又當著使者的面「距躍三百，曲踴三百」，向上跳了三百下，橫著跳了三百下，表示我身體一點問題沒有，還可以繼續打仗。使者回來報告，說魏犨比燒傷之前更健康了，晉文公就揮淚斬了顛頡這個倒霉的廢物，表示嚴格執法，而赦免了魏犨。所以孔子評價晉文公「譎而不正」，盡搞歪門邪道，不夠堂堂正正。

三國時期也一樣，很多人用法律，其實都是在用術，而不是用法。我們前面講到曹操揮淚斬糧草官，也是用的詐術。用法，考慮的問題是：他有沒有違法？有，我就要嚴格執法。用術，考慮的問題是嚴格執法，利大於弊還是弊大於利？如果利大於弊，我就嚴格執法；如果弊大於利，我就放你一馬。這種觀點，只考慮執法者本人的利害關係，而沒有考慮到法律區別於一切利害關係的獨立價值。諸葛亮揮淚斬馬謖，恰好相反，用法而廢術，所以才能感染一代又一代人，成爲嚴格執法的典範，成爲中國傳統法文化的精神遺產。

第二，有情而無私。諸葛亮曾經說過：「吾心如秤，不能爲人作輕重。」（《北堂書鈔》卷三七引《諸葛亮書》）我的心就像秤一樣平，不會因爲某些人而變輕，也不會因爲某些人而變重。

馬謖和諸葛亮感情這麼好，情同父子，一旦違反軍法，諸葛亮仍然嚴格執法，處死了馬謖，這就是大公無私。我們前面說馬謖犯了三宗死罪，諸葛亮只能殺他，別無選擇，這是從法律上來講的。其實諸葛亮如果不想殺馬謖，在當時而言，也就是一念之間，一句話的事情。但是諸葛亮頂住壓力，控制情感，毅然處死了馬謖。

京劇《斬馬謖》，諸葛亮的帥案之後有四個大字：「三軍司命」。司命，是傳說中控制人生死的神。諸葛亮身爲三軍統帥，每一個判決都影響著這支軍隊的戰鬥力，左右著三軍的命運。所以，他必須大公無私。

但是大公無私，不代表諸葛亮沒有感情。「揮淚斬馬謖」最動人的地方，不在於斬馬謖，而在於揮淚。諸葛亮揮淚斬馬謖，不是作秀，而是情到深處，眞情流露。正因爲諸葛亮是這樣眞性情的大丈夫，所以劉備、馬謖，才會先後向他託孤。曾子有云：「可以託六尺之孤，可以寄百里之命，臨大節而不可奪，君子人與？君子人也！」（《論語．泰伯》）這段話，正是諸葛亮君子人格的最佳寫照。

諸葛亮第一次北伐，以失敗而告終。那麼，他會怎樣捲土重來呢？諸葛亮怎樣用法律輔佐軍事，從而打造出一支堪稱典範的王者之師呢？

第十七章 王者之師

諸葛孔明千載人。其用兵行師，皆本於仁義節制，自三代以降，未之有也。

南宋 洪邁《容齋隨筆》

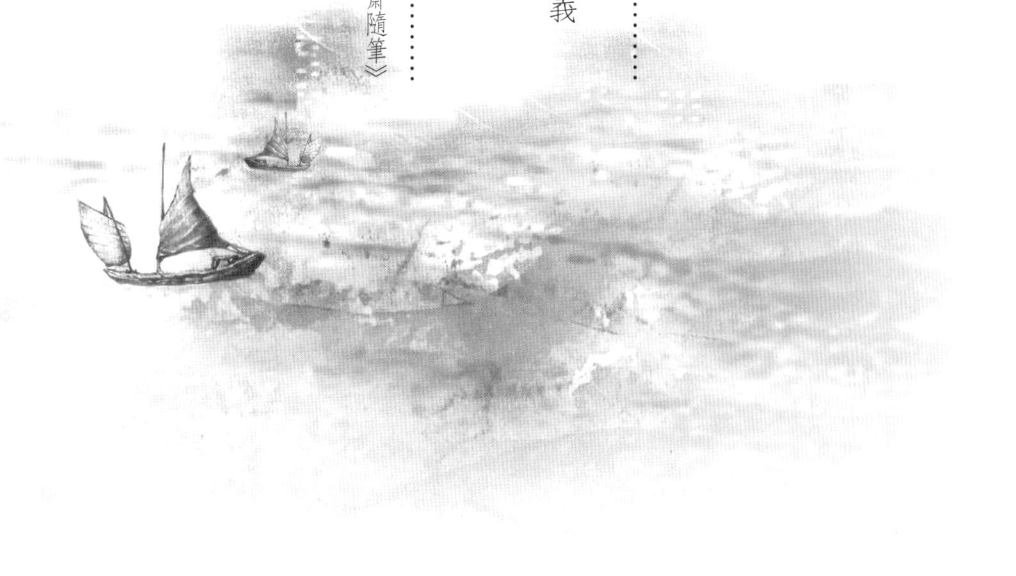

名將的兩大類型

公元二二八年，諸葛亮第一次北伐功敗垂成，揮淚斬馬謖。但是，諸葛亮並沒有放棄努力。諸葛亮從二二八年首次出師，到二三四年在五丈原去世，前後一共五次北伐，一次防守，共計和曹魏作戰六次，這就是《三國演義》所謂的「六出祁山」。

那麼，諸葛亮打仗的水準究竟如何？歷史上對此有截然不同的兩種看法。

第一種看法：諸葛亮神機妙算，戰無不勝，是第一流的軍事家。

唐朝曾設置了一座武廟。中國有文廟，是祭祀孔子的；武廟，祭祀的是中國歷史上最傑出的十二個軍事家。整個魏晉南北朝三四百年的時間，只有諸葛亮一個人入選，由此可以看出諸葛亮的軍事水準確實非常高。

第二種看法：諸葛亮窮兵黷武，勞師無成，是不入流的軍事家。

這種看法，最喜歡引用《三國志》作者陳壽的評價：「應變將略，非其所長。」說諸葛亮只擅長治國理政，不擅長行軍打仗，他六出祁山，是因爲能打仗的名將都死光了，不得已趕鴨子上架，所以屢戰屢敗，沒有尺寸之功。

那麼，諸葛亮到底會不會打仗呢？在評估軍事水準之前，我們先來領教兩種不同的作戰風格。

《史記》上說，西漢有兩大名將，一個叫李廣，一個叫程不識。李廣帶兵，規矩很少，非常自由。他的兵，機動性很強，經常漫山遍野到處跑，冷不防碰到敵軍就開打。打勝仗是家常便飯，打敗仗也是家常便飯，勝率敗率都很高。程不識和李廣截然相反。程不識帶兵，軍隊的紀律非常嚴格，怎麼安營紮寨，怎麼站崗放哨，一板一眼，有條不紊。他的軍隊很少打敗仗，但是也很少打勝仗。

李廣和程不識，你覺得這兩個人誰的軍事水準更高呢？不好說，只能說兩個人作戰風格不一樣。一個輕靈剽悍，適合搞突然襲擊、尖兵作戰；另一個穩健持重，適合紮硬寨打死仗。更進一步而言，李廣打仗，走的是「高明」一路，靠的是他的天賦，是「才」；而程不識打仗，走的是「沉潛」一路，靠的是軍隊的法度，是「法」。

返觀漢末三國時代，當時最厲害的兩個軍事家曹操和諸葛亮，也好像李廣和程不識一樣，一個靠「才」，一個靠「法」。

曹操打仗，奇謀祕計，機變百出，打了很多勝仗，但是也經常吃敗仗，勝仗贏得漂亮，敗仗輸得難看。諸葛亮打仗，就不像曹操那麼花稍，你很少看到他用什麼計謀。你說諸葛亮用那麼多的計謀，神機妙算，那都是《三國演義》的虛構。歷史上的諸葛亮打仗非常樸實。

但是他的每一個動作都像教科書一樣標準，在平淡無奇之中，隱隱透出不可撼動的威力。

唐朝元稹有詩云：「凜凜出師表，堂堂八陣圖。如公全盛德，應嘆古今無。」諸葛亮行軍打仗，進退如法，動靜有度，凜然不可侵犯，是堂堂正正的王者之師。所以陳壽說諸葛亮「治戎爲長，奇謀爲短」，在依法治軍方面很有一手，但是奇謀妙計卻不免略遜一籌。這個評價，確實抓住了諸葛亮長於「法」而短於「才」的作戰風格。

高科技，才是第一戰鬥力

那麼，諸葛亮的兵法，包括了哪些具體的內容呢？他用什麼獨門祕技，打造出一支堂堂正正的王者之師呢？諸葛亮兵法，包括三種「法」。

諸葛亮兵法的第一種「法」，是「技法」。

所謂技法，就是軍事科技。現代化作戰，拚的就是科技；冷兵器時代，也要拚裝備。誰的裝備強，誰就能立於不敗之地。諸葛亮治軍，最看重裝備，史稱「工械技巧，物究其極」，每一樣作戰武器，都要做到極致。

比如諸葛連弩。中國古代的遠端射擊武器，主要是弓。但是弓有一個缺陷，只能在短時間內用爆發力張弓搭箭，沒有辦法一直拉著弓弦瞄準。而且每個人的臂力不同，臂力強的人騎射厲害，臂力弱的人就用不了強弓勁弩。所以古人又發明了弩。

弩，可以在事先把弦拉開，放上箭，進行瞄準。敵人來了，你一扣扳機，箭就射出去了。《三國志》記載，諸葛亮對弩進行了改良，發明了十連發的諸葛連弩。以前的弩，射完一箭，要重新裝箭，很麻煩。諸葛連弩上面裝了箭匣，可以連續扣十次扳機，連續射十枝箭。而且諸葛

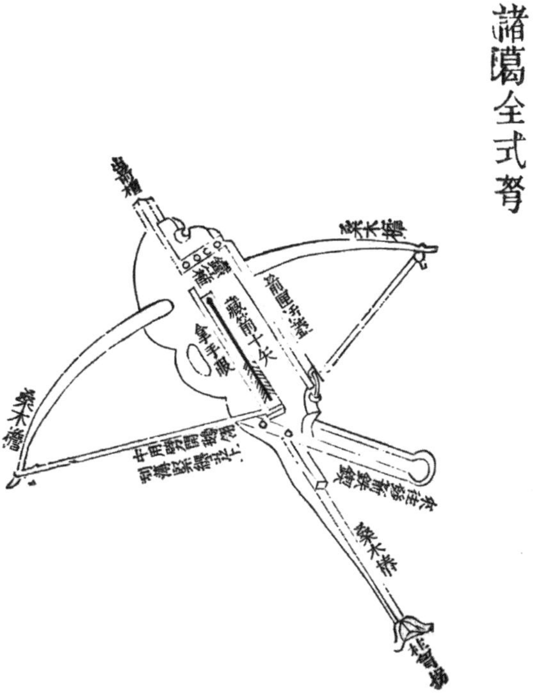

明代《武備志》中的諸葛連弩。志中描述，諸葛連弩輕巧方便攜帶，就算「懦夫閨婦」都能使用。但是威力不強，所以必須在箭頭塗上毒藥。

連弩的箭，全是鐵箭，殺傷力非常強。殺傷力有多強呢？一九六四年，四川出土了一個蜀漢時期的銅弩機，是一個「十石機」，換算到今天，有五百多斤的力量。這麼強的弩，純靠一個人的力量是拉不開的，要幾個人一起拉開，然後瞄準。弩機上還有「望山」，就是瞄準儀，可以提高射擊的精確度。諸葛連弩在當時全世界來講，也是威力無窮的大殺器。街亭之戰中，打贏馬謖的曹魏名將張郃，後來就是被諸葛連弩射死的。

再比如木牛流馬。諸葛亮對魏作戰，長途跋涉，蜀道艱險，糧食運輸非常困難。《三國演義》上說，諸葛亮發明了一種運糧食的自動機器人，叫木牛流馬。做成牛和馬的形狀，裝上糧食，不用人力，可以自動行走。但是也有人說，木牛流馬沒有這麼神奇，木牛流馬其實就是改良版的獨輪車，比較方便在險峻的蜀道上運糧，如此而已。但這個說法落差有點大，讓人有一種心碎的感覺。

那麼，木牛流馬到底是神奇的自動機器人，還是讓人心碎的獨輪車呢？《南齊書．祖沖之傳》記載，南北朝的時候有一位大科學家叫祖沖之，就是算圓周率的那個人。有一次，他看到諸葛亮木牛流馬的製作祕方，覺得巧則巧矣，但還不夠給力，就自己動手做了一個改良版的。史書記載，祖沖之造的這個木牛流馬「不因風水，施機自運，不勞人力」，不需要風力和水力，也不需要耗費太多的人力，就可以自己運作。祖沖之所在的南朝，距離蜀漢還不太遠。從這個記載來看，恐怕木牛流馬並非獨輪車那麼簡單。至於木牛流馬到底是什麼，這已經成爲一個千古之謎，還有待科技史家去破解它。

除此之外，諸葛亮還製作了五折鋼鎧、十折矛、扎馬釘、雲梯衝車、百尺井闌等等攻占用具，保證了蜀漢軍隊的戰鬥力，都在對魏作戰中發揮了巨大的作用。由此看來，諸葛亮不僅是一位傑出的軍事家，而且是中國歷史上偉大的科學發明家。

諸葛亮不僅自已善於科技發明，還懂得尋訪能工巧匠，網羅科技人才。比如，他請來一位兵器專家蒲元，爲軍隊打造刀具。蒲元是蜀漢的煉刀名家，性格古怪但手藝出神入化。他絕不輕易煉刀，煉出的刀則沒有一把次品，號稱「神刀」。

有一次，蒲元在軍營煉刀，煉到「白亮」的程度時，派助手去成都取蜀水。助手偷懶，說：漢中不是有漢水嘛，何必捨近求遠？

蒲元一本正經地說：漢水鈍弱，不任淬；蜀水爽烈，適合淬刀。

助手沒有辦法，誰叫我服侍這麼一位驢脾氣的爺呢？只好往成都趕。助手從成都取水回來，蒲元一試，板著面孔說：此水已摻雜了涪水，不能用。說完，就要把水全給倒了。

助手一看那個心疼喲，我千里迢迢給你取水，你怎麼說倒就給倒了？連忙阻攔，嘴上還抵賴：沒有哇，這可是如假包換的蜀水！

蒲元也不說話，用刀在水裡划了兩划，觀察一下，說：這水摻雜了八升涪水。

助手一聽嚇壞了：爺，您是跟著我去的吧？我在回來的時候灑了八升水，怕沒辦法交差，就近在涪水取了八升。得，遇上您這麼一位主，我自認倒霉，我再去成都跑一趟吧。

蒲元為諸葛亮打造了三千把「神刀」，諸葛亮隨機挑出一把交給蒲元。蒲元找來一根竹筒，裡面灌滿鐵珠，揮刀砍去。隨著一聲金鐵之聲，竹筒應聲而斷，鐵珠爆跳滿地。諸葛亮點了點頭，表示滿意。

這些神乎其技的科技發明，成為蜀漢對魏作戰的核心競爭力。蜀漢軍隊在當時世界上來講，也是一支少有的高科技軍隊。

千古謎雲八陣圖

諸葛亮兵法的第二種「法」，是「陣法」。

中國古代打仗，講究排兵布陣，有很多非常神奇的陣法。讀舊小說讀多了就知道，什麼一字長蛇陣、二龍出水陣、三才陣、四門陣、五花陣、六丁六甲陣、七星陣、八卦陣、九死連環陣、十面埋伏陣，五花八門，無奇不有。

陣法是幹嘛用的？古代的小說和評書寫得比較離奇。雙方打仗，我這邊擺個陣，你派人來破。你那邊人進了陣，我就變陣，搞得跟個人肉迷宮一樣，你左衝右突出不去，就被我給滅了。這種陣，聽上去很玄妙，其實挺傻的。小時候讀小說讀到這種情節，就經常在想，我不派人進你的陣，你這陣不就廢了嗎？所以這是不符合歷史事實的。

諸葛亮最有名的陣法，叫「八陣圖」，俗稱「八卦陣」。相傳諸葛亮曾經在重慶奉節，用石頭堆了一個八卦陣，一直到今天都還有遺跡在。杜甫有詩云：「功蓋三分國，名成八陣圖。江流石不轉，遺恨失吞吳。」說的就是這個石頭八卦陣。《三國演義》說：夷陵之戰，劉備慘敗，東吳名將陸遜一路追殺，追到這兒，發現一個石頭八卦陣。陸遜殺敵心切，就衝進來了。進來以後，才發現千門萬戶，不得其門而出，被困住了。正當絕望之際，諸葛亮的老丈人黃承彥現身，把陸遜領出了八卦陣。今天很多旅

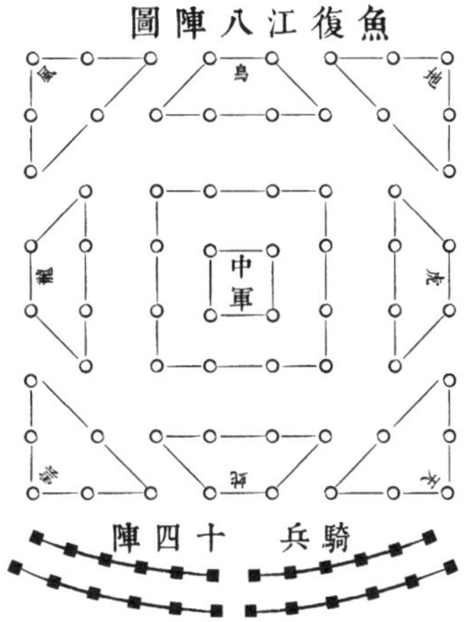

明代《武備志》中的八陣圖。三國之後，歷代王朝都將諸葛亮的八陣圖作為秘不示人的秘密武器，以至東晉以後漸漸失傳。今天所見八陣圖，是歷代學者和軍事家研究復原的成果。

遊景點都建了所謂的八卦陣，其實就是迷宮，和陣法沒什麼關係。

那麼，歷史上的八陣圖，到底是什麼呢？

諸葛亮北伐，主戰場在關中平原。這個地方一馬平川，無險可守。而諸葛亮的軍隊，以步兵爲主；曹魏的軍隊，有非常強大的騎兵。想當年曹操南征，派精銳騎兵一日一夜急行軍三百里追殺劉備，顯示了騎兵的威力。冷兵器時代，兵種相克非常厲害。人家有騎兵，打你步兵，跟玩兒一樣，壓倒性的優勢。爲了克服這個困難，諸葛亮「推演兵法，作八陣圖」，對歷史上流傳的陣法進行創新，發明了八陣圖。所謂八陣圖，就是利用多兵種互相配合，在無險可守的情況下，製造出防禦縱深和進攻體系的戰術。我根據歷代學者研究的情況，給大家做一個大概的講解。

八陣圖，平時是一個大陣。大陣的東南西北，可以各分離出一個中陣。四個中陣，拱衛著中間的主帥，一共是五個陣。遇到敵人，可以進一步分化，東、南兩個中陣，分化出一個陣，位於東南方；西、北兩個中陣，分化出一個陣，位於西北方；東北方、西南方也分化出兩個陣，加上原來東南西北四個陣，就是八個陣。八個中陣，拱衛主帥，其實一共是九個陣，這就是八陣圖的完成形態。

每個中陣，又分爲六個小陣，包括三個兵種，分別是車兵、弩兵和步兵，以步兵爲主。

車兵是幹嘛的呢？敵人的騎兵殺過來，你的車兵就組成一道防禦工事，對敵人的馬匹進行攔截。弩兵躲在車兵的後面，用諸葛連弩遠程射擊。等到敵人亂了，步兵再殺出去，近身肉搏。中軍主帥的這個陣，可以分爲十六個小陣。主帥在中央掌控全域，隨時變陣，還可以讓自己的手下隨時支援周圍的八個陣。

在整個八陣圖的後面，還有二十四小陣，都由騎兵構成。騎兵的機動性最強，隨時看主帥的指揮，衝到八陣圖的各個位置，對敵軍進行切割、包圍、追殺。整個八陣圖，實際上就包括了十個中陣、八十八個小陣。

八陣圖是一個軸對稱圖形，你進攻其中任何一個中陣，兩側的中陣都可以集中兵力過來救援。這叫「四頭八尾，觸處爲首，敵衝其中，兩頭皆救。」（《唐李問對》）具體來說，就好像一條大章魚一樣，中間一個大腦掌控全域，周圍八個腕足，互相配合，防禦非常嚴密。

那敵人如果逃跑，怎麼辦呢？因爲八陣圖是軸對稱的，所以任何一個中陣都可以變成佇列的最前方，往前追擊；其餘中陣就保持佇列，一起跟隨追擊。如果作戰不利要撤退，前隊變後隊，後隊變前隊，調轉馬頭就可以逃跑。這就是諸葛亮的八陣圖。

那麼重慶奉節的石頭陣，又是什麼呢？如果這個東西真的跟諸葛亮的八陣圖有關，那可能是練陣法時用的定位點。

八陣圖，比諸葛亮之前的陣法要複雜多變，是野戰中步兵對抗騎兵的絕招。諸葛亮練成八陣圖以後，他自己也說：「八陣既成，自今行師，庶不覆敗。」表示我的八陣圖已經練成了，從此以後行軍打仗，估計不會再失敗了。這個說法並不誇張。諸葛亮六次對魏作戰，野戰從來沒有輸過。以步兵大平原客場作戰對抗騎兵，能夠取得不敗的戰績，這在軍事史上是一個奇跡。但是，八陣圖也有它的缺點，四平八穩，機動性差，防守有餘，進攻不足。所以諸葛亮打仗，很少吃敗仗，但也很少打勝仗，就有這個原因。

寧可敗績於敵，絕不失信於兵

諸葛亮兵法的第三種「法」，是「軍法」。

軍法，就是戰時軍隊的法律。漢末三國打仗，殺戮非常厲害。前面講過，曹操打仗最喜歡濫殺無辜，動不動就屠城。司馬懿打遼東公孫淵，戰勝以後，曾經「築京觀」，就是把敵軍俘虜殺死，把屍體堆積得跟小山一樣高，再用泥土加固，做成一個類似於山丘的建築物。這是當時用來炫耀武力的一種惡俗。

這種事情，從來沒有發生在諸葛亮的軍隊中。諸葛亮軍紀嚴明，史稱「出入如賓」，諸葛亮的軍隊在曹魏的國境內來往，就好像來作客的客人一樣，從來不騷擾當地老百姓。諸葛亮最後一戰，在曹魏的五丈原屯田，蜀漢軍隊和曹魏的老百姓挨著，各種各的田，混熟了以後，見面還打招呼：「吃了嗎您去哪？」「吃了！上田去？」「上田！」其樂融融，生活一點都不受影響。這樣的軍隊，在漢末三國時代，獨此一家、別無分店。放在整個中國古代史上，也是比較罕見的。

諸葛亮軍法的精髓還不在於「嚴」，而在於「信」，史稱「賞罰必信」。無論賞賜還是懲罰，說話算話，絕不失信於人。

《三國志》注記載了一個故事：諸葛亮率領十萬大軍出征，其中兩萬人可以輪流休假。這個月，回去兩萬人，休息一個月，回來，再換兩萬人回去。這樣可以保證軍隊的戰鬥力。結果有一次，剛要換班，司馬懿率領三十萬大軍過來了。參謀就說：丞相，這次乾脆取消休假。要不然剩下八萬人，估計打不過。諸葛亮說：不行。「吾統武行師，以大信爲本」。行軍打仗，要以「大信」爲本。士兵們行李都收拾好了，就等著放假了；他們的家人兒女，也在家裡面掐著手指頭，算著日子，望眼欲穿，盼望親人歸來。「雖臨征難，義所不廢」，雖然戰局非常困難，但是從道義上講，令出必行，必須放假。

晉朝人袁准評價諸葛亮「法令明，賞罰信，士卒用命，赴險而不顧，此所以能鬥也」。

法令嚴明，賞罰必信，所以士兵打起仗來爭先恐後、捨生忘死，這是蜀漢軍隊戰鬥力強大的根本原因。諸葛亮用技法、陣法、軍法，打造成一支王者之師，所以才能夠立於不敗之地。反觀曹魏的司馬懿，擁有優勢兵種，還擁有壓倒性的兵力和國力，又是主場作戰，卻任由諸葛亮隨意來去，當時人評價司馬懿「畏蜀如虎」，害怕諸葛亮，就像害怕老虎一樣。從中可以看出諸葛亮的軍事實力之強。不過諸葛亮也有他的缺點。諸葛亮一生小心謹慎，從來不打無準備之仗。他能夠用法，但是不會法外出奇，所以能夠保持不敗，但也難以取勝。這就是《三國志》所謂的「治戎為長，奇謀為短」。五次北伐，勞而少功，原因就在於此。

就在諸葛亮第四次北伐，形勢一片大好的時候，大後方突然傳來一個消息，讓諸葛亮不得不再一次退兵。也正是這個消息，成為一個導火索，引發了蜀漢歷史上最重大的一起驚天大案。

第十八章 李嚴大案

法行於不可不用，刑加乎自犯之罪，爵之而非私，誅之而不怒，天下有不服者乎！諸葛亮於是可謂能用刑矣，自秦、漢以來未之有也。

東晉 習鑿齒

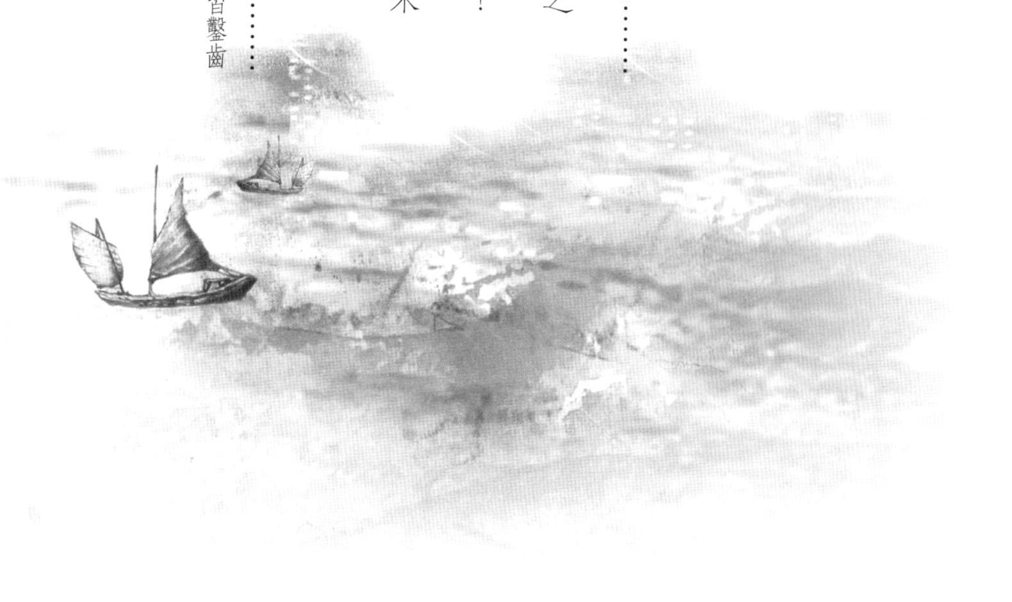

從同事到政敵，李嚴的心路歷程

諸葛亮第四次北伐中原的時候，從後方傳來一個壞消息：糧食運輸困難，請求撤兵。這個消息引發了兩個後果：

第一，諸葛亮全軍撤退，第四次北伐又以失敗而告終。

第二，這個消息引發了蜀漢歷史上最撲朔迷離的一宗案件——李嚴大案。

李嚴是什麼人呢？李嚴是諸葛亮的政敵。諸葛亮也有政敵嗎？當然有。諸葛亮不是生活在真空裡面的人，他面臨的政治環境，比我們想像的要複雜得多。諸葛亮爲人光明磊落，但是你不和別人作對，擋不住別人會來和你作對。前面講過，劉備臨終之前，白帝託孤，找了兩個託孤大臣，託付後事。一個是諸葛亮，另一個是李嚴。李嚴就是諸葛亮的政敵。

李嚴既然和諸葛亮同爲託孤大臣，按理應該同心同德，爲什麼會變成諸葛亮的政敵呢？我們先來觀察一下李嚴的心路歷程。

李嚴，字正方，荊州南陽人，先後在荊州牧劉表、益州牧劉璋的手下做官，做的都是縣令，七品芝麻官，鬱鬱不得志。劉備攻占益州以後，慧眼識英雄，破格提拔了李嚴。李嚴也由此平步青雲，迎來了自己的春天，展現出了非凡的才幹。劉備臨終之前，第一時間召見李嚴，讓他和諸葛亮一起接受託孤，輔佐後主劉禪。

劉備爲什麼會讓李嚴做託孤大臣呢？

一個，是因爲李嚴有才幹。諸葛亮曾經誇獎李嚴「部分如流，趨舍罔滯」，處理公務猶如行雲流水，毫不拖泥帶水。

再一個，清代學者何焯認爲，李嚴本來是益州牧劉璋的手下，代表了益州本土勢力。李嚴的籍貫又是荊州南陽，劉備手底下有很多人都是從荊州過來的，重用李嚴，荊州一派的人也能夠接受。尤其是諸葛亮，以前曾經躬耕南陽，在南陽隱居十年，和李嚴「有鄉黨之分，必能協規」，他們倆有半個老鄉的情分，一定能夠齊心協力，共同輔佐後主。（《義門讀書記》）

李嚴出身基層小吏，摸爬滾打十幾年，終於在劉備臨終之前一步登天，成爲蜀漢的頭面人物，心裡也非常得意，自以爲從此以後我就可以和諸葛亮分庭抗禮、並駕齊驅。但是，事情的發展完全不符合李嚴的預期。

劉備託孤，是在永安白帝城，也就是今天重慶的奉節。所以劉備臨死之前，安排李嚴留守永安，後來又移鎮江州，防備孫吳。江州在今天重慶主城區。諸葛亮呢，回到成都，輔佐後主，北伐曹魏。

表面上看，兩個託孤重臣，一個在成都，一個在重慶，一個打曹魏，一個防孫吳，好像地位差不多，實際上有天壤之別。成都是首都，重慶只是個邊關，地位不可同日而語。劉備死的時候，孫吳和蜀漢還在敵對狀態，所以李嚴防守孫吳，地位非常重要；但是劉備死後，經過諸葛亮的努力，蜀漢和孫吳已經邦交正常化了，現在蜀漢全國的重心就是北伐曹魏，防守孫吳只是裝裝樣子，所以李嚴的地位明顯下降。

李嚴的地位，在劉備託孤前後，大起大落，心裡難以承受，感到非常失落。眼看著諸葛亮一次又一次地北伐曹魏，打得熱火朝天，自己卻被晾在一邊，李嚴由失落而嫉妒，由嫉妒而仇視，從諸葛亮的同僚，一步步走向了諸葛亮的對立面，成為了諸葛亮的政敵。

立身以正，讓對手無隙可乘

政敵關係，是最複雜、最微妙的關係。政敵，不像軍事上的敵人，可以兩軍對壘、真刀真槍，直接開打。古代有多少名將，在戰場上橫掃千軍，卻鬥不過政敵。因為政敵不能明爭，只能暗鬥。但是你暗鬥，可能就會用陰謀詭計，不符合政治道德。所以這個關係，最難處理。搞不好，就會發生流血政變。

而諸葛亮解決李嚴問題，不僅沒有死一個人、流一滴血，也沒有做出一件違背道德的事情，更難能可貴的是，李嚴從此以後對諸葛亮心悅誠服，諸葛亮死後，李嚴失聲痛哭、鬱鬱而終。諸葛亮是怎麼做到的呢？

第一招，立身以正。

武俠小說《射雕英雄傳》有個故事：武林敗類裘千仞被天下英雄豪傑給包圍了，說要爲民除害。裘千仞就反問他們：你們憑什麼殺我？你們自己有誰一輩子沒有做過壞事、殺過人，就請上來動手吧。如果你們自己都做過壞事，那你們有什麼資格殺我？大夥兒一思量，誰沒做過壞事呢？都很慚愧，沒人敢動手。這個時候，丐幫幫主洪七公來了。

洪七公說：「老叫化一生殺過二百三十一人，這二百三十一人個個都是惡徒，若非貪官汙吏、土豪惡霸，就是大奸巨惡、負義薄倖之輩。老叫化貪飲貪食，可是生平從來沒殺過一個好人。裘千仞，你是第二百三十二人！」裘千仞聽了，心服口服，啞口無言。爲什麼裘千仞沒話可說呢？因爲洪七公太正派了，讓對手根本找不到破綻。

諸葛亮和李嚴也一樣。比如說，李嚴有一次勸諸葛亮，說您現在在蜀漢威望這麼高，丞相這個職務已經無法表達大家對您的崇拜之情了，您乾脆「受九錫，進爵稱王」吧！

什麼叫「九錫」呢？錫，通賜。九錫，就是皇帝特賜給臣子的九種最高規格的禮器。受九錫，在漢朝是有特殊政治含意的。漢朝受過九錫的：頭一個王莽，第二個曹操，第三個孫權，都是亂臣賊子。受九錫，稱王，下一步就是稱帝。所以李嚴勸諸葛亮受九錫、稱王，用心險惡：我想胡作非爲，先把你拉下水，只要把你弄髒了，你就沒有資格烏鴉笑豬黑。

諸葛亮不吃這一套，他給李嚴回了一封信，說：我原本以爲和您交往這麼久，您一定對我很了解，沒想到你還是不懂我的心。我受先帝知遇之恩，位極人臣，已經很滿足了。現在正是北伐中原的關鍵時刻，不應該想著個人的榮華富貴。我希望能夠和你一起，打敗曹魏，光復漢室，到時候共用天下太平。這樣一來，李嚴就無話可說了。

所以後來李嚴想要找五個郡，以江州爲核心，我來成立一個巴州。你諸葛亮不是益州牧嘛，我要做巴州牧，和你平起平坐。後來，李嚴又想開府治事，也就是掌握獨立的人事任免權，自己成立一個政府，這些要求都被諸葛亮一一拒絕。但凡諸葛亮做過一件見不得人的事情，就會成爲李嚴的把柄。正因爲諸葛亮自己立身以正，所以可以義正詞嚴地拒絕李嚴的非分之想，讓李嚴無話可說，心服口服。

化敵為友，消滅敵人的最高境界

第二招，化敵為友。

諸葛亮北伐，派人叫李嚴一起去。李嚴心想：我可不去，我寧可在江州獨占山頭做個土皇帝，也不到你手下任你擺布。所以故意提了各種各樣苛刻的條件，找藉口不去。

三國之中，蜀漢本來就最弱小，現在兵力又分散，諸葛亮帶一支兵，成都留一支兵，李嚴手裡還握著一支兵，這怎麼能行呢？

公元二三〇年，曹魏派遣大軍進攻蜀漢。諸葛亮趁此機會，再一次請李嚴出手相助。他給李嚴開出三個優惠條件：

第一，封你為驃騎將軍，這是蜀漢的最高軍銜。

第二，讓你全權處理丞相府的一切事務。

第三，提拔你的兒子李豐接你的班，掌管江州的軍政事務。

李嚴一盤算：我既可以升官，做驃騎將軍；又可以主管丞相府，重返權力中心；還不用擔心後院著火，江州有我兒子管著，還是我們老李家的地盤，這筆買賣划得來。於是李嚴帶領兩萬軍隊，開赴漢中，協助諸葛亮一起抵抗曹軍。

有人說，諸葛亮這不是調虎離山嗎？這是陰謀詭計啊！不對。諸葛亮完全實現了自己的承諾，不但把江州交給李嚴的兒子李豐掌管，而且確確實實把丞相府的事務全權交給李嚴處理。當時很多人都不理解，覺得諸葛亮對李嚴太好了。其實諸葛亮的這個作法，非常高明。

首先，諸葛亮有足夠的信心，我吃得下李嚴，所以只要把你調出江州，置於丞相府，就算給你再大的權力，你也鬧不出亂子來；其次，諸葛亮想要化敵爲友，把一支敵對的勢力，轉變成丞相府的一員，轉變成北伐大軍的有生力量。攻心爲上，用信任換取李嚴的忠誠。

開誠布公，讓陰謀無處遁形

第三招，開誠布公。

諸葛亮第四次北伐的時候，李嚴在漢中負責運輸糧草。當時前線形勢一片大好，但是李嚴運輸糧草的時候卻出現了失誤，糧草難以爲繼。李嚴非常擔心。這個問題說大不大，說小不小。萬一諸葛亮想要利用這個機會除掉我，那我怎麼辦？李嚴頭腦一熱，派人騙諸葛亮，說糧食運輸困難，陛下希望你趕緊撤兵。

手下人走了以後，李嚴想想不對，皇上那邊也得糊弄一下。又派人給皇上解釋，說諸葛丞相為什麼撤兵呢？他其實不是眞撤退，是假撤退，想要誘敵深入。

諸葛亮接到消息，既然是皇上的意思，那就撤吧。回來了。

諸葛亮離漢中越來越近，李嚴慌了。我撒了兩個彌天大謊，萬一謊話戳穿，怎麼辦呢？要不我趕緊開溜，跑回江州得了。實在不行，我還能舉兵造反。就帶了手下，想要逃跑。跑到半道上，手下人勸他，說您這樣一跑，這不是此地無銀三百兩嗎？何況您能跑到哪兒去呀？就算回到江州，就你那點兵力，能打得過諸葛亮嗎？李嚴想想也是，又返回了漢中。這個時候，李嚴心想，我乾脆棄卒保帥，我把罪名推到糧草官身上，把糧草官給殺了。

正在猶豫不定，諸葛亮回來了。李嚴實在沒轍，只好假裝大吃一驚，說糧食還很充足啊，您怎麼就回來了？

在這種情況下，諸葛亮展開司法調查。他蒐集了李嚴前後寫的兩封信，做了筆跡鑑定，都是李嚴本人寫的。諸葛亮又把李嚴的部下找來詢問，得知李嚴逃跑未遂，栽贓嫁禍未遂。諸葛亮這才把李嚴叫來，在文武百官面前質詢李嚴，讓李嚴自我辯護。人證物證俱在，李嚴理屈詞窮，只好低頭認罪。諸葛亮和百官聯名上書，彈劾李嚴。最後，以「誣罔罪」，也就是欺君罔上的罪名，革除李嚴的一切官職，發配邊郡。

《三國志》評價諸葛亮，說他「開誠心，布公道」。諸葛亮處理李嚴案，也是開誠布公，完全走司法程序，整個過程公開透明，公事公辦，不摻雜自己的一點兒私心雜念。

李嚴被廢以後，諸葛亮又專門安慰李嚴的兒子李豐：你父親雖然做了錯事，但是你不要有思想負擔。你現在仍然是朝廷命官，一定要以你父親為戒，努力工作，報效國家。那你們李家仍然可以度過難關，重新振作。

征服政敵，也帶走了政敵的心

有人可能覺得，諸葛亮處理李嚴案件，平淡無奇，沒有什麼過人之處。那我們來做一個對比，看看司馬懿是怎麼對付他的政敵的。

魏明帝曹叡臨死之前，也學劉備，找了兩個大臣來託孤。一個是司馬懿，一個是曹爽。魏明帝死了以後，曹爽和司馬懿也變成了政敵，互相敵對。曹爽利用自己宗室的身分、年輕的優勢，在朝廷裡面一步一步把司馬懿給架空了。

司馬懿怎麼辦的呢？他假裝身體不好，請假回家，每天閉門不出。曹爽擔心，這司馬懿是裝病呢，還是真病呢？就派人來看望司馬懿，打探情況。

司馬懿得知曹爽派人來探望，心中明白，此人探病是假，探聽敵情是真。於是司馬懿當著來人的面，假裝老年癡呆，丫環給他餵粥喝，司馬懿喝了一口就順著嘴角往下流，搞得渾身都是。

來人回去報告，說司馬懿就比死人多口氣了。曹爽放下心來，不再提防司馬懿。正月裡，曹爽帶著小皇帝出去掃墓，遠離京城。司馬懿趁機發動政變，把曹爽一夥全給俘虜了，把皇帝搶到了自己的手裡。接下來，司馬懿也啓動司法程序，把曹爽一夥八個人，全部滿門抄斬，一個活口不留。

諸葛亮對待李嚴，自己立身以正，事前盡最大努力化敵爲友，事後開誠布公、依法辦事，成功地把一起流血政變，轉變成一個司法案件，最後只有李嚴一個人被罷免官職，沒有死一個人，沒有流一滴血。司馬懿對待曹爽，自己玩陰謀詭計，事前裝瘋賣傻、坑蒙拐騙，事後大開殺戒、斬草除根。兩相對比，不難感受到諸葛亮之道的高明之處。

李嚴被廢以後，發配邊郡，仍然保留了做官時的生活待遇。他的兒子李豐，後來也官至太守。公元二三四年，諸葛亮病死。李嚴知道，除了諸葛亮以外，不會有第二個人再有這樣大的度量，可以起用自己這個廢人。所以，李嚴也一病不起，鬱鬱而終。

諸葛亮不僅徹底征服了自己的政敵，而且帶走了政敵的心。

李嚴大案以後，蜀漢政權終於實現了空前的團結。諸葛亮經過三年時間的休養生息，凝聚起最後的力量，率領大軍北伐曹魏。這是諸葛亮的第五次北伐，也是他人生中最後一次北伐。爲了解決老大難的糧食問題，諸葛亮一方面起用了運糧利器木牛流馬，另一方面，在曹魏境內的五丈原屯田耕作，打算和司馬懿打一場持久戰。

但是，歷史留給諸葛亮的時間，已經只剩下一百天了。那麼，諸葛亮在生命的最後一百天，做了哪些事情呢？諸葛亮的生前身後，給我們後人留下了怎樣的啓迪呢？

相傳諸葛亮被司馬懿困於平陽時，算準風向，製作紙燈籠繫上求救信息，才得以脫險。孔明燈掠過天際，寄託著不知何人的心願，飄向歷史的深處。

第十九章 星落秋風五丈原

丞相祠堂何處尋，錦官城外柏森森。
映階碧草自春色，隔葉黃鸝空好音。
三顧頻煩天下計，兩朝開濟老臣心。
出師未捷身先死，長使英雄淚滿襟。

唐 杜甫《蜀相》

諸葛亮的眼淚爲誰而流？

在今天陝西岐山蔡家坡，有一個黃土台原叫五丈原。從這裡坐火車到西安，只要一個小時。一千七百八十年前，諸葛亮也曾經站在這裡，舉目東望。就是這一個小時的車程，成爲他終身難以逾越的鴻溝。

李嚴大案以後，諸葛亮最後一次出兵北伐，駐紮五丈原。從這時候算起，諸葛亮的生命進入了一百天倒數計時。諸葛亮也意識到了自己的健康情況不容樂觀，所以他多次挑戰司馬懿，想要決一死戰。

《晉書．宣帝紀》記載，諸葛亮有一次派了個使者到司馬懿營中，說我們家丞相給您送了個快遞，麻煩您簽收一下。司馬懿打開快遞一看，裡面是一件女人的衣服。

司馬懿問：是不是送錯了，把別人家的包裹送我這兒來了？

使者說：沒錯，就是送給你的。我們家丞相說了，你不敢出來打仗，不像大老爺們兒，扭扭捏捏像姑娘。

曹魏的將士一聽，勃然大怒群情激奮，一起看司馬懿：這你都能忍？反正換成我們是忍不了。

司馬懿厚著臉皮不動聲色，跟使者聊家常。他問：「諸葛公起居何如？」你們家丞相睡眠怎麼樣？

使者自豪地說：我們家丞相，每天起得比雞還早，比貓頭鷹還晚睡，經常熬夜，研究怎麼打敗你。

司馬懿又問：「食可幾米？」每天吃多少飯？

使者說：吃得特別少，每頓就扒拉一小碗飯。

司馬懿又問：那工作忙嗎？

使者說：日理萬機，一個小案子，打二十大板，我們家丞相都要親自過問，您說忙不忙？

使者走了以後，司馬懿拍手大笑：諸葛亮吃得這麼少，事情這麼多，還能活得久嗎？他的死期不遠了，我們等著吧！

從這番問答，一方面我們可以看到諸葛亮憂勞成疾，另一方面，也有人抨擊諸葛亮事必躬親、不肯信任旁人，把全部事務大包大攬，結果把自己給累死了。關於這點批評意見，我們不妨先看一則小故事。

《三國志》注引《襄陽記》記載，諸葛亮有個祕書長叫楊顒。有一天，楊顒看到諸葛亮在親自校對行政文書，就當場提出批評意見。他說：治理國家，有一定之體，下屬不能搶上級的活兒，上級也不應該攬下屬的活兒。我打個比方，好比說一戶人家，奴隸種地、婢女做飯、公雞報曉、小狗看家、老牛耕田、駿馬運貨，主人只要吃吃飯、睡睡覺，高枕無憂。如果主人偏要幹下人的活兒，一來累死，二來秩序紊亂反而幹不好。您是堂堂丞相，居然親自校對文書，整日汗流浹背，豈不是太辛勞了嘛！諸葛亮聽了，非常動容，立刻放下文書，向楊顒認錯道謝。後來楊顒病死，「亮垂泣三日」，諸葛亮大哭三天。

各位，讀史至此，要格外注目。諸葛亮是一個感情比較內斂的人，即便白帝城託孤，也不過是當場「涕泣」而已；即便揮淚斬馬謖，也不過是事後「流涕」而已。他爲什麼會爲一個祕書長如此失態，「垂泣三日」呢？

其實，楊顒說的道理，諸葛亮豈會不懂？諸葛亮年輕的時候，讀書就知道「觀其大略」；諸葛亮寫《誡子書》，也懂得「寧靜致遠」，豈會不知道清靜無爲的道理？那麼，諸葛亮爲什麼還要事必躬親，爲什麼要親自校對文書，爲什麼要杖二十以上的刑罰都親自過問呢？

因爲諸葛亮自感身邊確實無人可用，無人可信。天下十三州部，蜀漢僅占一個益州。當年劉備入川時，帶來的英才俊傑，此時都已凋零殆盡。諸葛亮培養馬謖，馬謖卻辜負培養，錯失街亭；諸葛亮信用李嚴，李嚴卻辜負信任，自取滅亡。試問，諸葛亮還能任用誰？還敢信任誰？

諸葛亮明知楊顒說得有道理，卻仍然不得不事必躬親，這是諸葛亮的悲劇，也是蜀漢的悲哀。所以楊顒死後，諸葛亮垂泣三日。他並不是在哭楊顒，而是在哭自己。劉備死後，諸葛亮長期超負荷工作，長期壓抑自己，這時候終於得到一個機會，難得釋放自己的淚水。所以明末王夫之在《讀通鑑論》中一句話點明：「公之泣楊顒也，蓋自悼也。」

難得的釋放過後，諸葛亮又馬不停蹄地投入到繁重瑣碎的事務之中，以超人的精力工作著。

諸葛亮的最後時刻

時間很快就到了公元二三四年的八月，魏蜀兩軍從春天一直到秋天，相持了一百多天。隴上的秋天格外多風，十萬蜀軍在五丈原上風餐露宿，鐵打的壯小夥兒身體都吃不消了。更何況是這位憂勞多事、夙興夜寐的老人？蜀漢的頂樑柱諸葛亮瘦弱的身軀再也難以扛住繁重的軍務，倒下了。

諸葛亮臨死之前的情況，史書沒有太多的描寫。小說《三國演義》安排了一段情節，感人至深。諸葛亮強撐病體，在左右的協助之下，最後一次巡行軍營。左右侍衛扶著丞相，他們第一次發現，寄託著全國百萬軍民無比信任的諸葛丞相，竟然是這樣一位瘦弱的老人，甚至只要輕輕一用力就可以把他提起來。侍衛的眼睛溼潤了。自從先帝駕崩以後，諸葛丞相實在背負得太多、太多了。

諸葛亮巡行軍營，看著在風中兀自飄蕩的「克復中原」的大旗，心中無限惆悵。木牛流馬、諸葛連弩、雲梯衝車、百尺井闌，這些熟悉的攻戰之具，再不爲我所用矣！滿營戰士望著諸葛丞相。限於鐵的紀律他們不能擅離崗位，只能這樣轉動著眼球，儘量讓丞相在自己的視野裡留滯得久一點。誰也不敢想像，這位寄託著十萬蜀軍軍心的老人一旦歸天，會是怎樣的結果。誰也不敢想像，有朝一日這支軍隊不再姓諸葛，還能否保持今天的戰鬥力，能否繼續今天的光榮與夢想。

諸葛亮巡行了小半個軍營，已經體力難支。秋風襲來，徹骨生寒。諸葛亮仰天長嘆：亮再不能臨陣討賊矣！悠悠蒼天，何薄於我？一陣陣輕微而雄渾的啜泣，升騰在蜀軍大營的上空，與五丈原上的秋風暮色交織成一片，引動天地山川爲之心感神傷。

公元二三四年八月，諸葛亮病逝軍中，享年五十四歲。

《三國志》注引《漢晉春秋》記載：諸葛亮死後，蜀漢軍隊按照諸葛亮生前的安排，有條不紊地撤退。司馬懿得到消息，估計諸葛亮已經死了，就率領大軍前來追擊。蜀軍突然之間調轉馬頭，擂鼓吶喊，朝著司馬懿衝殺過來。司馬懿大吃一驚：難道諸葛亮沒死，我又中了他的計？回馬就跑。蜀軍也不追趕，退回蜀漢境內，這才舉哀發喪，哭聲震天。司馬懿這才知道，諸葛亮真的已經死了。當地老百姓嘲笑司馬懿，編了個諺語叫「死諸葛走生仲達」，司馬懿字仲達，意思就是說，死了的諸葛亮都能嚇跑活著的司馬懿。

五丈原諸葛亮廟。公元234年秋八月，諸葛亮病逝五丈原。秋風蕭瑟，天地垂泣，草木含悲，給後人留下了不盡的遺憾。(五丈原諸葛亮廟博物館供圖)

司馬懿來到五丈原上，巡行察看諸葛亮留下的營壘，揣摩體會蜀漢軍隊的列陣方式，一聲長嘆：「天下奇才也！」諸葛亮的才華和人品，贏得了對手的尊重與致敬。

蜀軍撤退以後，按照諸葛亮的遺囑，把他安葬在漢中定軍山。漢中，是蜀漢對魏作戰的橋頭堡。諸葛亮以這樣一種方式，在死後繼續守護蜀漢的國土。諸葛亮的墓穴很小，只能放下一口棺材，沒有任何陪葬品。諸葛亮生前對劉禪說過：「若臣死之日，不使內有餘帛、外有贏財，以負陛下。」我死之後，家中絕不會有多餘的財物，以辜負陛下的信任。

這句話，諸葛亮說到做到了。

兩種人生，成敗異勢

諸葛亮的一生，能給我們留下哪些啓示呢？我們講歷史，不要空口說白話。我做一個對比，請自己來體會。我要對比的兩個人，是諸葛亮和司馬懿。

諸葛亮五十四歲的時候，出師未捷身先死，馬革裹屍而還，北伐中原的夢想失敗了。司馬懿呢？司馬懿活了七十三歲，享盡了榮華富貴。不僅如此，司馬懿還通過政變，把曹魏的江山社稷，變成了司馬氏的囊中之物。他把自己的兩個兒子司馬師、司馬昭安排在關鍵位置，爲子孫後世改朝換代鋪好了道路。

司馬懿死了以後，他的兒子司馬昭把持朝政，派遣名將鍾會、鄧艾討伐蜀漢。蜀漢方面，派諸葛亮的兒子諸葛瞻、孫子諸葛尙領兵抵抗。鄧艾非常佩服諸葛亮的爲人，專門派使者給諸葛瞻帶了個口信，說你們蜀漢肯定是完蛋了，你犯不著陪葬。要不這樣，你投降，我們封你爲琅琊王。琅琊是諸葛亮的故鄉，所以鄧艾承諾封諸葛瞻爲琅琊王。諸葛瞻斬殺使者以表決心，臨陣戰死，年僅三十七歲。諸葛瞻的兒子諸葛尚，當時可能還不到二十歲，長嘆一聲：我祖孫三代，世受國恩，怎能苟活呢？獨自殺進曹魏軍中，英勇戰死。

成都武侯祠諸葛瞻塑像。諸葛亮上《出師表》的同一年，子諸葛瞻出生；諸葛瞻八歲，亮病逝軍中。相處時間太短，諸葛瞻沒法學到父親的文韜武略，但他學到了父親身上最寶貴的東西。三十七歲，諸葛瞻抗擊魏軍，與子諸葛尚雙雙殉國。

公元二六三年，諸葛亮死後二十九年，蜀漢滅亡。

司馬懿的孫子司馬炎正式稱帝，建立晉朝，統一三國。當時諸葛瞻的次子，也就是諸葛亮的孫子諸葛京流落民間。有蜀漢的老臣看他可憐，懇求司馬炎給諸葛京一個官做。司馬炎就召諸葛京進京面試，面試通過以後，任命他爲郿縣縣令。今天諸葛亮的直系後裔，都是諸葛京這一脈的子孫後代。

諸葛亮一生踐行道義、鞠躬盡瘁死而後已，最後他本人病死軍中、身死國滅，他的兒孫戰死沙場、滿門忠烈。反觀司馬懿，一輩子使用陰謀詭計，最後卻長壽富貴，兒子稱王、孫子稱帝。到頭來，諸葛亮的孫子，還要找司馬懿的孫子要官做。

這兩個人，你覺得誰算成功，誰算失敗呢？

這兩種人生，你覺得哪一種更可取呢？

拉長時間軸，超越成敗

說到這裡，可能大家覺得太悲觀了。不要著急，我們把時間軸拉長，再來重新觀察一下。

先看諸葛亮的情況。

諸葛亮剛剛去世，蜀漢的老百姓就自發組織祭祀，集體上書請願建立武侯祠。後主劉禪批准，在陝西勉縣定軍山下，也就是諸葛亮墳墓所在地，建立了歷史上第一座武侯祠。

諸葛亮的兒子諸葛瞻在朝為官，每當朝廷頒布好的政策，不管是不是諸葛瞻的主意，老百姓都歸功於諸葛瞻，說：「一定是諸葛亮的兒子為我們老百姓辦的好事吧！」

後來曹魏消滅蜀漢的時候，魏軍統帥鍾會經過漢中的武侯祠，親自下馬跪拜祭祀，而且嚴令禁止魏軍將士破壞武侯祠，嚴令禁止魏軍將士去砍伐武侯祠周邊的花草樹木。一個人死了幾十年之後，他的恩澤不僅能夠延及那片土地上的人，還能夠延及到他身邊的花草樹木之上，這是一種什麼樣的力量！

晉武帝司馬炎登基以後，命令《三國志》的作者陳壽：你去蒐集整理諸葛亮的著作，朕要讀。陳壽

漢中勉縣武侯墓。清人魏際瑞詩云：「定軍山下柏蒙茸，曠古精誠在此中。三尺孤墳猶漢土，一生心事畢秋風。」(何詩瑩供圖)

編成了一整套的《諸葛亮集》，呈獻給皇上。司馬炎讀完以後，一聲長嘆：我要是有諸葛亮這樣的臣子，那我做皇帝得多輕鬆啊！

東晉時期，有個鎮南將軍劉弘慕名來到襄陽隆中，修復諸葛亮的故居，撰文祭祀、立碑憑弔。《三國志》注引《袁子》記載：「亮死至今數十年，國人歌思。」諸葛亮死後一直到晉朝，幾十年過去了，當地老百姓還在唱歌紀念他。甚至於像本書開頭那位百歲小吏所說：諸葛亮死後到現在，一百多年過去了，我還沒有見過有誰能夠比得上他。

再看司馬氏的情況。

司馬氏建立的西晉，是個短命王朝，一共只有四個皇帝。第一個皇帝是晉武帝司馬炎，第二個皇帝就是歷史上著名的白癡皇帝——晉惠帝。晉惠帝在位期間，司馬氏的幾個同宗叔伯兄弟互相殘殺，血流成河，這就是歷史上臭名昭著的「八王之亂」。最後，晉惠帝本人也被他的一個堂兄弟給毒死了。

西晉的第三個皇帝是晉懷帝，五胡亂華的時候，匈奴人打過來把晉懷帝給俘虜了。不但俘虜，還要羞辱他。匈奴首領故意讓晉懷帝穿著奴婢的衣服，跪拜在地上，當著晉朝大臣的面在酒席上倒酒。晉朝大臣一看，我們的皇帝竟然受到這樣的屈辱，嗷地一聲就哭了。匈奴人一看，居然還有人為你哭？說明你還很得人心啊，不能留！就把晉懷帝給毒死了。

第四個皇帝，也就是西晉最後一個皇帝晉湣帝，也被匈奴人俘虜，匈奴人又讓他穿著奴婢的衣服，跪在地上，當著晉朝大臣的面在酒席上倒酒。晉朝大臣這次忍住了，沒敢哭。匈奴的首領喝酒喝到一半，站起身來上廁所，讓晉湣帝給他揭馬桶蓋。晉朝大臣這一次實在沒忍住，嗷地一聲又哭了。匈奴人一看：你還敢哭？你忘了你們上一個皇帝是怎麼死的了吧！就把晉湣帝也給毒死了。

司馬懿的一個後代跑到南京，建立東晉，只有半壁江山。東晉的一個小皇帝晉明帝，聽說自己的祖先司馬懿、司馬昭是怎麼用陰謀詭計得的天下後，羞愧得無地自容，恨不得找個地縫給鑽進去。他用被子蒙住自己的臉，羞慚地說：我們的祖上得天下如此不光彩，那我們晉朝的國祚還怎麼長得了呢？可見他還有自知之明。

東晉的倒數第二個皇帝叫晉安帝，被權臣劉裕逼迫，最後被劉裕給勒死了。東晉的末代皇帝叫晉恭帝，被劉裕篡了位。劉裕篡位以後，派人遞給晉恭帝一杯毒酒，讓他飲鴆自盡。晉恭帝心存一線僥倖，說：我是一個信佛的人，佛教教義說人不能自殺，否則死後永世不得超生。殺手說：得，您不自殺，那還得勞駕我動手。就用被子把晉恭帝給悶死了。

從此以後，司馬家族灰飛煙滅。到今天，誰是司馬懿的後代，沒人知道。司馬懿的故居，沒有保存。司馬懿的墳墓，找都找不著。

反觀諸葛亮，從晉朝開始，歷朝歷代都在修葺諸葛亮的故居和墳墓；從唐朝開始，歷朝歷代都在武廟供奉諸葛亮的靈位；紀念諸葛亮的武侯祠越建越多，有關諸葛亮的旅遊景點不計其數；山東臨沂、湖北襄陽、河南南陽、陝西漢中，都在舉辦諸葛亮文化節；襄陽和南陽自從元朝以來就在爭奪諸葛亮躬耕地，至今相持不下，成爲文化史上一道有趣的風景；諸葛亮的子孫後代繁衍昌盛，遍布全國，人人都以姓諸葛爲榮，好像姓諸葛就透著一股智慧的味道，尤其是浙江蘭溪諸葛八卦村，是諸葛亮後裔的聚居地，聞名天下。相傳是諸葛亮發明的饅頭、諸葛菜、孔明燈、孔明鎖，至今都存活在人們的日常生活之中。諸葛亮的〈隆中對〉、〈出師表〉、〈誡子書〉，激勵了一代又一代中國人。諸葛亮的名言「淡泊明志、寧靜致遠」、「鞠躬盡瘁、死而後已」，至今都是許多人的座右銘。諸葛亮的形象，通過小說、戲曲、影視、漫畫、遊戲的方式，被一代又一代人所演繹。在中國和日本的民間調查中間，諸葛亮都是最受人們喜愛和崇拜的歷史人物之一。諸葛亮雖然只活了五十四歲，比司馬懿要短命得多，但是他的生命力卻通過另一種方式長命百歲、千秋萬代，綿延至今。

所以，從一個長時段來觀察，諸葛亮生前踐行道義，死後流芳百世；司馬懿生前步步皆贏，死後滿盤皆輸。兩種人生，你認可哪一種呢？你又願意選擇哪一種呢？希望各位能夠從歷史中得到啓迪，作出你自己的選擇。

我們從百歲小吏之問開始，講了諸葛亮的修身之道、出處之道、爲官之道、君臣之道、立國之道、法治之道、用兵之道，那麼諸葛亮之道的「道」究竟是什麼呢？

我們這裡說的「道」，不是「道可道、非常道」玄之又玄的東西。用通俗的話來講，所謂道，就是能夠被歷史傳遞的正能量。

春秋戰國時代，禮崩樂壞，弱肉強食，只有管仲、樂毅，願意匡扶正義、反抗強暴，所以春秋戰國的時代雖然混亂，但總還不至於一片漆黑，而有著走向光明的希望。

漢末三國，充斥著權謀和暴力，只有諸葛亮能夠延續管仲、樂毅傳遞下來的正能量，以他們爲楷模，自比於管樂，並且把這樣一種正能量在自己的身上做到極致，進一步往下延續。所以漢末三國的歷史雖然越來越糟糕、越來越混亂，發展出了魏晉南北朝這樣的大分裂時代，但也還不至於一片漆黑，而總有著走向光明的希望。

正如歷史學家錢穆先生所云：「有一諸葛，已可使三國照耀後世。」諸葛亮之道，點點滴滴往下延續，每當歷史的暗夜，總能夠照亮人心，激發有志氣的人不計利害，不計成敗，踐行道義，雖九死其猶未悔。

這就是歷史的希望，也是諸葛亮之道的價值所在。

後記 諸葛亮之道

關於三國，我已寫了三本書。《權謀至尊司馬懿》寫權謀，《黑白曹操》寫人性。在這本《道濟天下諸葛亮》，我想談談歷史上的義理，也就是所謂的「道」。

「道」，在中國古代思想史上，是一個非常複雜、非常玄的概念，但在我這裡沒有那麼玄。《說文解字》說：「道，所行道也。」道，就是人走的路。歷史上每一個人，都走過路。有人走陽關大道，有人則獨闢蹊徑；有人的足印深重，其跡至今斑斑可辨；有人則無足輕重，早已經湮沒於黃塵古道。

諸葛亮之道，就是諸葛亮走過的路。說起來簡單，但是探尋諸葛亮走過的路，卻很有一些困難。

丞相足跡何處尋？一如今日國內的歷史文化旅遊景點，遊客蟻聚拍照留念的往往是後來粉飾緣附的假古董，而眞正的歷史遺跡卻僻在荒野，無人問津。諸葛亮這個天才級的歷史人物，也是說其事者多，知其眞者少。這是沒有辦法的事情，《三國演義》太過成功，《演義》的周邊如戲曲、評書、影視、遊戲，影響著一代代人對諸葛亮的認知，即便歷史學者也難以免俗。在自媒體時代，更是每一個三國迷都可以將一切理想因素投射入歷史，輕易構建心目中的諸葛亮形象。

這於三國文化而言，是欣欣向榮的好事；但是在史學上探索諸葛亮之道，卻不得不祭起考據的利器，「惡竹應須斬萬竿」，儘量剃去多餘的干擾，還原諸葛亮的「宗臣遺像」。在這方面，前輩史學家已經開闢草萊，做了不少導夫先路的工作。我的職責，是檢驗他們開闢的諸條先路，比較出孰優孰劣，凝練出一條特色旅行路線，以自賞玩，以饗諸君。

紙面考據，只是最初步的工作。讀中國書、悟中國道，最有趣的地方在於不能僅靠皓首窮經的考證、玄之又玄的思辨，要訣在「躬行」二字。譬如一部《論語》，泛泛讀去，只記住幾句語重心長的格言，完全比不上西方哲學著作的體大思精。但是，當你「躬行」了《論語》的第一重境界，這本書才會給你開放出它的第二重境界、第三重境界，「入之愈深，其進愈難，而其見愈奇」。尋訪諸葛亮之道，亦是如此。諸葛亮走過的路，你看過導遊手冊，讀過別人的攻略，也可以說得頭頭是道，彷彿親歷。但這不過是矮子看戲、隨人叫好而已，道理並不曾從自己身上熨帖出來。

比如諸葛亮深居隆中十年之久，一直等到劉備三顧茅廬，才肯出山相助。他到底在想什麼？這其中的心曲，考據無能爲力，所以往往流於瞎猜。有人說諸葛亮是在沽名釣譽，有人說諸葛亮是在自抬身價，有人說諸葛亮是在坐觀成敗、投機取巧。從史學考據上來講，無對錯可言；但是從歷史的義理來看，這些說法都不過如雁渡寒潭、自見其影罷了。我在二十歲前，絕無能力判斷這些說法的高下，也跟著瞎起鬨。既過而立，自己履及同樣的人生之路，才能寂然凝慮、思接千載，遙想諸葛亮出處之際的心境於萬一。這部書稿特詳於諸葛亮三十歲之前的經歷，與此有關。一篇《諸葛亮傳》，我唯讀懂了一半，諸葛亮三十歲之後的道路，還沒有完全向我開放。等我活到六十歲的時候，再寫一部《諸葛亮之道》，一定面目迥異。好在本書並非嚼飯餵人，而願授人以漁。我把這點讀史體會貢獻出來，讀者諸君當可深造自得。

諸葛亮是不世出的一代完人，諸葛亮之道亦如空谷足音，不是我這樣資質平庸之人所能及。但中國史上幾位最頂尖的人物，有如聳入雲霄的奇峰，雖然山下人不能望見絕頂，他們彼此之間卻能同氣相求。所以我在書中常常引用中國文化的經典，尤其是孔孟之道做爲衡尺，來窺測諸葛亮的短長。歷史之「道」，並非先天地生的自在實體，而是歷史人物一步一個腳印踏出來的平實道路。歷史上最頂尖的人物腳印叢集之處，就是中國文化最精粹的部分，這就是中國歷史的康莊大「道」。我衡量的結果是，諸葛亮之道與這部分相合之處極多。這不是巧合，而是諸葛亮學步的結果。

本書寫作期間，小女秦空降臨人世。幾個月後，她也將蹣跚著學步。當她邁出小腳，涉足人間世，我眞希望她那小小的足跡能夠依憑堅實的古之道，一步步走出屬於自己的未來。

秦濤

二〇一七年五月三日於五斗齋

附錄　諸葛亮年表

時間	年齡	事蹟
漢靈帝光和四年 一八一年	1歲	諸葛亮出生於琅琊國陽都縣。父諸葛珪，兄諸葛瑾。
光和五年至六年 一八二—一八三年	2～3歲	弟諸葛均出生，母章氏去世。
中平元年 一八四年	4歲	二月，黃巾起義爆發，曹操、劉備等英雄開始嶄露頭角。
中平五年 一八八年	8歲	父諸葛珪去世。叔父諸葛玄照顧諸葛亮兄弟。

漢獻帝初平四年 一九三年	13歲	秋，曹操攻打徐州爲父復仇，屠殺百姓。
興平元年 一九四年	14歲	夏，曹操再次攻打徐州，劉備抵抗。戰火波及琅琊，諸葛玄帶諸葛亮姐弟四人輾轉投靠荊州牧劉表，兄諸葛瑾留守故鄉。
建安二年 一九七年	17歲	諸葛玄病故，諸葛亮移居隆中耕讀。
建安三年至十一年 一九八—二〇六年	18～26歲	諸葛亮隱居隆中，與司馬徽、龐德公等師長，崔州平、孟公威、石廣元、徐庶等友人交往，並娶黃承彥之女爲妻。在此期間，諸葛瑾仕吳。
建安十二年 二〇七年	27歲	劉備三顧茅廬，諸葛亮獻上〈隆中對〉，提出三分天下的戰略。
建安十三年 二〇八年	28歲	諸葛亮獻計劉琦出避江夏。六月，曹操南下，劉表病死，劉琮降曹。十月，諸葛亮出使江東，說服孫權聯劉抗曹。十二月，孫劉聯盟在赤壁之戰中大敗曹操。劉備占領荊南四郡，諸葛亮任軍師中郎將，總理三郡事務。
建安十六年 二一一年	31歲	劉備受劉璋之邀，帶龐統入蜀，進駐葭萌關。諸葛亮與關羽等留守荊州。

建安十七年至十八年 二一二—二一三年	32～33歲	劉備與劉璋開戰。
建安十九年 二一四年	34歲	龐統戰死。諸葛亮與張飛、趙雲入蜀，包圍成都。秋，劉璋出降。諸葛亮任軍師將軍。
建安二十至二十一年 二一五—二一六年	35～36歲	諸葛亮著力調和政權內部的主客矛盾。
建安二十二至二十三年 二一七—二一八年	37～38歲	劉備與曹操爭奪漢中，諸葛亮留守成都，足食足兵。
建安二十四年 二一九年	39歲	五月，劉備占領漢中。七月，諸葛亮率群臣擁立劉備爲漢中王。諸葛亮與伊籍、法正、劉巴、李嚴共同制定蜀漢法典《蜀科》。八月，關羽北伐，威震華夏。十二月，關羽敗亡，荊州丟失。
建安二十五年 二二〇年	40歲	正月，曹操死。曹丕廢漢稱帝。諸葛亮勸劉備賜死關羽之死的責任人劉封，以杜絕繼嗣問題。
蜀漢昭烈帝章武元年 二二一年	41歲	四月，劉備稱帝，諸葛亮任丞相。七月，劉備出兵伐吳，諸葛亮留守成都。
章武二年 二二二年	42歲	五月，夷陵之戰，劉備慘敗，逃歸永安白帝城。

蜀漢後主建興元年 二二三年	43歲	四月，劉備託孤諸葛亮、李嚴，病死。五月，劉禪即位，封諸葛亮爲武鄉侯。夏，南中叛亂。十月，諸葛亮遣使與吳國修好。
建興二年 二二四年	44歲	諸葛亮休養生息、整頓吏治，彈劾廖立。
建興三年 二二五年	48歲	三月，諸葛亮南征平叛。十二月，返成都。
建興四年 二二六年	46歲	諸葛亮治軍講武，準備北伐。
建興五年 二二七年	47歲	子諸葛瞻出生。三月，諸葛亮上〈出師表〉，率師北駐漢中。
建興六年 二二八年	48歲	諸葛亮策反魏將孟達。正月，司馬懿襲殺孟達。春，諸葛亮第一次北伐，三郡叛魏回應。馬謖失街亭，諸葛亮退還，揮淚斬馬謖，自貶三級。十二月，諸葛亮第二次北伐，誘斬魏將王雙，糧盡退兵。主簿楊顒去世，諸葛亮垂泣三日。

建興七年 二二九年	49歲	春，諸葛亮第三次北伐，占武都、陰平二郡，恢復丞相職位。四月，孫權稱帝，諸葛亮遣使慶賀。
建興八年 二三〇年	50歲	六月，曹眞、司馬懿伐蜀，諸葛亮防守，借機調李嚴到漢中。魏軍不利而退。
建興九年 二三一年	51歲	二月，諸葛亮第四次北伐，以木牛運軍糧。五月，鹵城之戰，大破魏軍。六月，糧盡退兵，射殺魏將張郃。八月，彈劾李嚴，貶爲平民。
建興十年 二三二年	52歲	諸葛亮勸農休士，製作木牛、流馬等。
建興十一年 二三三年	53歲	諸葛亮以木牛、流馬運糧至斜穀，準備北伐。
建興十二年 二三四年	54歲	二月，諸葛亮第五次北伐，駐軍五丈原，屯田準備持久戰。司馬懿堅守不出，相持百餘日。八月，諸葛亮憂勞成疾，病逝軍中。

國家圖書館出版品預行編目 (CIP) 資料

道濟天下諸葛亮 / 秦濤著 . -- 初版 . -- 臺北市
：遠流 , 2017.11
面； 公分

ISBN 978-957-32-8157-3(平裝)

1.(三國) 諸葛亮 2. 傳記

782.823 106018444

道濟天下諸葛亮

作　　者——秦濤
總監暨總編輯——林馨琴
責任編輯——楊伊琳
編輯協力——金文蕙
行銷企畫——張愛華
封面設計——小比
發行人——王榮文
出版發行——遠流出版事業股份有限公司
地址：臺北市 10084 南昌路二段 81 號 6 樓
電話：（02）36926899　傳眞：（02）23926658
郵撥：0189456-1
著作權顧問——蕭雄淋律師
2017 年 11 月 1 日　初版一刷
新台幣定價 300 元　（缺頁或破損的書，請寄回更換）

ISBN　978-957-32-8157-3

YLib 遠流博識網
http://www.ylib.com　E-mail:ylib@ylib.com